南方集体林区不同规模林农营林效益与行为的异质性

朱 臻 著

科 学 出 版 社
北 京

内 容 简 介

在集体林区大力推进林业规模化经营和劳动力非农就业转移加速的背景下，分析不同规模林农营林效益的异质性及其作用机制，对于明确规模化经营的优势、促进森林可持续经营意义重大。本书在构建非农就业和雇工劳动对不同规模林农营林效益影响的分析框架基础上，利用南方集体林区浙江、福建、江西三省450户林农调查数据，以杉木营林为例，比较了不同规模林农营林效益差异，研究了非农就业和雇工劳动对不同规模林农营林效益影响的异质性，解释了造成异质性的深层次原因，最后提出了完善不同规模林农扶持政策的建议。

本书适合关注林业经济、林权制度改革、农村发展等热点问题的广大科研工作者、相关政府部门工作人员和相关专业研究生、本科生阅读。

图书在版编目(CIP)数据

南方集体林区不同规模林农营林效益与行为的异质性/朱臻著.—北京：科学出版社，2019.7

ISBN 978-7-03-061895-5

Ⅰ. ①南… Ⅱ. ①朱… Ⅲ. ①集体林－森林管理－研究－中国 Ⅳ. ①F326.2

中国版本图书馆CIP数据核字(2019)第147835号

责任编辑：张会格 高璐佳 / 责任校对：郑金红
责任印制：吴兆东 / 封面设计：刘新新

科 学 出 版 社 出版
北京东黄城根北街16号
邮政编码: 100717
http://www.sciencep.com
北京虎彩文化传播有限公司 印刷
科学出版社发行 各地新华书店经销
*
2019年7月第 一 版 开本：720×1000 1/16
2019年7月第一次印刷 印张：10 1/8
字数：204 000

定价：128.00元

(如有印装质量问题，我社负责调换)

资 助 项 目

国家自然科学基金面上项目“林权流转背景下南方集体林区不同规模农户营林效益与行为的异质性研究”（71773116）

浙江省科学技术厅软科学研究计划项目“城市化背景下浙江省不同林业规模经营户的产出效益、规模选择及作用机理研究”（2017C35054）

浙江省哲学社会科学规划项目“南方集体林区林业规模经营主体的产出效益、规模选择及政策体系研究”（16ZJQN044YB）

序

推动林权流转、促进林地适度规模经营已成为当前南方集体林区进入深化集体林权制度配套改革新时期的关键内容与重要环节。伴随城市化进程加速，广大山区劳动力外出转移增加，带来了山区营林劳动力成本上升和林地利用效率下降的显著问题。因此，为有效提升林地利用效率、扩大林地利用规模效益，我国各级政府对林地适度规模经营给予了大量的政策支持。在此背景下，系统比较不同规模林农的生产决策、营林效益及其差异性和影响机制具有突出的理论价值和现实意义。

从上述背景和视角出发，可以引发以下思考：已获得大量政策扶持的规模户是否在林地经营的私人经济效益和社会生态效益等方面都优于普通户？农户的非农就业和规模化经营所带来的雇工增加又如何影响不同规模林农的营林效益、投入与采伐决策？林地规模化经营能否实现林业经济和生态效益相协调？回答上述问题有助于为林地规模化经营提供科学依据，优化相关扶持政策，实现南方集体林区森林的可持续经营与发展。但现有文献尚缺乏针对上述问题的系统分析，即使有研究成果也无法提供相应的实证结论支撑。

令人欣喜的是，历经不断深化的理论分析与反复的实证考证，《南方集体林区不同规模林农营林效益与行为的异质性》一书终得以出版。该书以作者的博士学位论文为基础，在国家自然科学基金、浙江省科学技术厅软科学研究计划项目和浙江省哲学社会科学规划项目的资助下，历时四年之久，通过作者的潜心钻研，对上述问题进行了理论剖析与实证检验，最终形成了具备较强可靠性和普适性的科学研究成果。在总结国内外研究成果的基础上，该书以南方集体林区（浙江、福建、江西）不同林业规模经营林农（规模户和普通户）为分析对象，首先，识别并比较不同规模林农在林业生产中的私人经济效益和社会生态效益差异；其次，系统研究雇工劳动和非农就业对不同规模林农营林效益和决策行为影响的差异及作用机制，揭示了非农就业背景下不同规模林农营林效益差异的深层次原因与内在机制，并在此基础上提出了完善林地规模化经营和提升南方集体林区营林效益的相关政策建议。

该书内容充实，创新性强，体现了作者严谨求真的科学态度和脚踏实地的工作作风。该书呈现以下特点：①研究视角新颖，分析框架合理。非农就业增加是城市化进程加速背景下，山区林农生计方式转变的长期趋势，因此雇工劳动质量下降是林业规模化经营中必然会面临的问题。将非农就业和雇工劳动质量作为两个重要研究视角，不仅新颖，而且具备较强的现实意义，有助于加深和丰富现有对林业规模化经营的认识。②思路清晰，逻辑缜密。该书主要按照“构建理论分析框架—系统比较不同规模林农营林效益差异—实证讨论非农就业、雇工劳动对不同规模林农营林效益影响的异质性—基于林农营林决策行为变化讨论造成上述影响异质性的原因—提出政策建议”的研究思路，层次递进，不断深入，以理论指导实践。③方法科学，态度严谨。尽管林业经营复杂、研究对象选择受限及营林投入产出周期较长等现实问题的存在使得本研究中的数据收集工作成为一项巨大的挑战，但作者仍竭尽所能、排除万难，组织实地调研，最终获得了较大样本的一手调研数据，并在此基础上采用计量模型讨论非农就业和雇工劳动对不同规模林农营林效益与决策行为影响的异质性，同时针对模型中存在的内生性问题采取了相应的处理办法，为研究结论的准确性和可靠性提供了有力的数据和技术保障。

该书的出版能有效弥补目前林地规模经营领域中部分认识的偏误与不足，为林业规模化经营研究提供较为完整的思路和分析框架，不仅具有学术价值，而且具备较强的现实意义和政策含义。尤其是在集体林权配套改革进入深化的阶段，林业被更多地赋予维护国家生态安全重任的背景下，该书的研究结论可为今后明确林业规模化经营发展思路、优化南方集体林区森林可持续经营政策提供重要的科学决策依据和理论指导。

该书的作者朱臻是我指导毕业的博士研究生，目前在浙江农林大学经济管理学院任教。在南京农业大学四年的求学生涯中，我深刻地感受到了朱臻对科研工作的兴趣和热爱，该书的创作很好地证明了他对南方集体林区不同规模林农营林效益与行为的异质性这一问题的独到见解与深入思考。希望该书的出版成为他学术科研道路上蓄力的起点和崭新的契机，愿他在未来的学术研究工作中恪慎勤勉、力学笃行，取得更为丰硕的成果。

徐志刚

2019年6月1日

前　　言

林业功能的多元化特点相比农业更加明显，林业经营既有助于林农生计改善，又有重要的生态效应。随着林农非农就业增加和林区劳动力转移，林农的林业经营行为发生了很大变化，林业粗放经营问题日益凸显，影响着林业的经营效益。在南方集体林区，林地规模化经营因被中央政府视为提升林地利用和产出效率的主要途径，获得了大量林业扶持政策支持。那么，林业经营规模户与普通户在营林效益上是否有显著差别？获得大量政策扶持的规模户是否在林地经营的私人经济效益和社会生态效益等方面都优于普通户？农户非农就业和规模化经营带来的雇工增加又如何影响不同规模林农的营林效益、投入与采伐决策？不同规模林农的营林投入产出决策行为存在怎样的异质性？回答清楚这些问题，对于优化林业扶持政策、实现南方集体林区林业可持续经营发展具有重要的现实意义。

本书基于劳动力转移新经济学理论、委托代理理论和外部性理论，主要从非农就业和雇工劳动角度分析其对不同规模林农营林效益的影响、原因与作用机制及异质性。在构建非农就业和雇工劳动对不同规模林农营林效益影响的分析框架及理论模型基础上，利用南方集体林区浙江、福建、江西三省450 户林农调查数据，以杉木营林为案例，比较分析了不同规模林农私人经济效益(林地产出率和林地单位面积利润)与社会生态效益(单位面积碳汇价值)的差异，研究了非农就业和雇工劳动对不同规模林农营林效益的影响及作用机制，并通过非农就业对不同规模林农营林要素投入和采伐决策变化的影响来解释非农就业给不同规模林农营林效益带来差异的深层次原因，最后提出了完善不同规模林农扶持政策的建议。全书共分为 8 章，各章的研究内容与结论如下。

第 1 章为引言。该章主要介绍了本书的研究背景、问题与意义，研究目标、内容和所采用的方法。

第 2 章为理论基础与国内外相关研究述评。针对本书所选择的研究视角和研究目标，该章阐明了本研究的理论基础，主要包括了劳动力转移新经济学理论、委托代理理论和外部性理论。介绍和分析了这三个相关理论的形成和发展过程，以及选择该理论体系作为研究主题理论基础的依据。同时，该章系统总结并梳理了农林地流转和不同规模经营、森林经营效益评估、非农就业对林农农林业生产决策行为及经营效益的影响、雇工劳动对农林业产出效益的影响等方面的国内外相关研究成果，为后续研究的开展提供了重要研究基础。

第 3 章为分析框架、研究假说与计量经济模型的设定。首先，该章依据已有理论与文献基础，针对研究需要回答的科学问题、相关变量及其内在理论逻辑关系，构建本书的理论分析框架；其次，以劳动力转移新经济学和委托代理理论为基础，构建非农就业、雇工劳动对林农营林效益影响的理论模型，剖析非农就业、雇工劳动对不同规模林农营林效益的影响及其背后的原因，并根据理论模型分析，提出可检验的研究假说；最后，介绍用于假说检验的计量经济模型、指标选择和研究所用数据。

第 4 章为南方集体林区不同规模林农营林效益的差异。利用南方集体林区浙江、福建、江西三省 450 户林农调查数据，以杉木营林为案例，比较分析了不同规模林农私人经济效益(林地产出率和林地单位面积利润)及社会生态效益(单位面积碳汇价值)的差异。研究发现：①规模户与普通户在用材林经营目标上存在差别。规模户一般以培育大径材为经营目标，而普通户一般以培育小径材为主。②规模户相比普通户单位面积营林成本更高，高投入环节存在一定区别，但是规模户单位产品成本要小于普通户。③规模户营林的单位面积材积量和碳汇价值要高于普通户，但由于规模户雇工和地租成本较高，普通户单位面积营林利润净现值反而高于规模户。

第 5 章基于林农调查数据和第 4 章的初步描述性统计结果，采用计量经济模型分析了非农就业、雇工劳动对不同规模林农营林效益影响的异质性。研究发现：①非农就业增加导致普通户用材林经营的经济效益和生态效益显著下降，规模户用材林经营的经济效益和生态效益显著增加。造成非农就业对不同规模林农营林效益影响存在异质性的主要原因是，非农就业所带来的劳动力流失效应和收入效应在普通户与规模户之间存在差异。对于普通户，非农就业的劳动力流失效应发挥主要作用；而对于规模户，非农就业增加所带来的收入效应发挥主要作用。由此可见，在目前农村劳动力非农转移不断加速的背景下，南方集体林区推动林业规模化经营有其必要性。②规模化经营后雇工增加导致的劳动质量问题是影响规模户营林效益的重要负面因素，是制约林业规模化经营的主要瓶颈之一。就雇工劳动对不同规模林农营林效益异质性影响的计量经济分析结果表明，在劳动力供给一定的情况下，由于道德风险问题的存在，雇工劳动比例的提升直接导致了规模户营林产出、利润净现值和碳汇价值的下降。

第 6 章和第 7 章分别是非农就业对不同规模林农营林投入行为影响的异质性和非农就业对不同规模林农营林采伐决策影响的异质性，主要是从林农营林决策行为变化讨论造成不同规模林农营林效益异质性的深层次原因。研究发现：①非农就业所带来的收入增加并没有显著带动林农的用材林经营投资，且造成林农对林地投资意愿减弱，这一影响对普通户尤为明显。从非农就业对不同规模林农营林成本及其结构影响的计量经济分析结果可以发现，非农就业的劳动力流失效应抑制了不同规模林农的营林投资，且对普通户而言更为明显，这是非农就业背景下细碎化经营不利影响的又一表现。同时，非农就业的劳动力流失效应也减少了林农流入林地的面积和意愿。②非农就业对不同规模林农营林预期轮伐期决策的影响存在差别，导致普通户采伐时间提前，规模户采伐时间延后，这是造成非农就业对不同规模林农营林效益影响存在异质性的主要原因。对于普通户，非农就业的劳动力流失效应使其将家庭劳动力资源更多分配到非农就业中，在营林劳动力供给约束的情况下，由于延后采伐成本上升和规模限制导致的延后采伐边际收益增加有限，普通户会选择采伐时间提前；对于规模户，非农就业带来的收入效应可以缓解其流动性约束，且延后采伐的规模效益可以明显带来可观收益，因此其会选择采伐时间延后，继而造成了两类农户营林效益之间的差异。

第 8 章为结论与政策建议。该部分总结了上述各章的主要研究结果，同时基于南方集体林区实际和规模化经营背景，提出完善政府提升南方集体林区不同规模林农营林效益扶持政策的建议。包括：以规模化经营为政策导向，推动南方集体林区商品林经营；通过完善财政金融政策扶持和建立现代林业管理机制，加大南方集体林区营林要素投入并提升营林效益；促进“规模经济”向“分工经济”、“土地规模化经营”向“服务规模化经营”的转变。

在书稿即将付梓之际，百感交集，尤其需要感谢一路上为我提供莫大帮助和支持的人们。感谢我的博士生导师徐志刚教授，从选题设计、数据收集到本书的撰写和修改无不包含着徐老师的指导与心血，四年的相处和缘分，让我很幸运地结识了一位良师及兄长，也让我今后的杏坛生涯有了学习的楷模和榜样，此生受益。感谢浙江农林大学副校长沈月琴教授、经济管理学院院长吴伟光教授和学科同仁为完善我的书稿提供了很多有价值的建议，同时从人力、物力上全力支持我完成本书的调查和数据收集工作。感谢研究生黄晨鸣、方秋爽、梅雨晴、陈俊等协助我开展数据收集和分析工作，研究生赵思嘉、陈梅、周军、薛家依、朱薇羽和戴心怡参与书稿最后的文字校对工作。

感谢浙江、福建和江西三省及其相关样本点的林业相关部门协调人、乡镇干部及村干部在外业抽样和调查工作中耐心细致的组织协调工作。感谢国家自然科学基金面上项目（71773116）、浙江省科学技术厅软科学研究计划项目（2017C35054）、浙江省哲学社会科学规划项目（16ZJQN044YB）和浙江农林大学农林经济管理学科（浙江省一流学科）对本书出版的经费支持。最后还要感谢我的爱人严燕，在我读博期间出生的女儿朱晴雅，我的“小核桃”，还有我那已迈入古稀之年的父母，你们的理解、支持和付出是无法替代的，没有你们的支持，没有你们灿烂的微笑，我想我没有勇气和力量完成这部著作。

由于作者水平有限，书中难免存在一些不足之处，希望读者和各位同行提出宝贵意见。

朱　臻

2018 年 12 月

Preface

The diversification function of forest which not only improves the livelihoods of rural households, but also gives the ecological value which is more obvious than agriculture. There has been a considerable change in households' forest management activities and more serious extensive forest management since the rapid growth of off-farm employment and out-migration from rural areas. It's argued that forestland large-scale management has been seen as the main approach for the central government to improve the efficiency and utilization of forestland and get supports by a series of forest policies. According to this, does it mean that large-scale forest management is much greater than the small-scale forest management in forestland economic and ecological benefit? With the increase of rural labor migration, how do the off-farm works and hired labor affect the forest management benefit, behaviors, and decision-making of households with different scales? And, is there heterogeneity of behaviors and decision-making for forest management between households with different scales? To answer these questions clearly can help to improve the forest policies and support the sustainable forest management in the southern collective forest area. Totally, this book includes 8 chapters, research contents and conclusions of each chapter are as follows:

Chapter 1: The introduction. This chapter introduced the research background, issues and value, as well as the research contents, objectives, and methodologies of this book.

Chapter 2: The theories and literature reviews. Based on the research perspectives and objectives, this chapter gave the theories for analyzing the issues of this book, the theories included the new economics of labor migration, the principal-agent, and externality. It introduced the progress of these theories and discussed the reason for choosing these theories to analyze our research issues. Also, this chapter reviewed the pieces of literature which related to the land-transfer and large-scale management, the assessment of forest manage value, the impact on households' forest production activities and decision-making from off-farm activities and the impact on profit and output of forest management from hired labor, the reviews built the basis of the following up studies.

Chapter 3: The framework, hypotheses, and setting of econometric models. Based on the theories and literature reviews, this book built the research framework according to the research issues, variables, and theoretical logical relationship. Then, it built the theoretical models to analyze how off-farm works and hired labor impacted on the benefit from forest management and proposed the research hypotheses; Finally, it introduced the econometric models, variables and data which will be used to testify these hypotheses.

Chapter 4: The difference of forest economic and ecological benefit between foresters with different scales. Based on 450 household surveys from Zhejiang, Fujian and Jiangxi provinces in the southern collective forest area, this chapter used the Chinese fir as the case tree to compare and analyze the difference between the private economic and social ecological benefit of foresters with different forestland scales. The results included as follows: ①There is a difference in management objective between large-scale and common foresters. Large-scale foresters usually raise the mature forest with lower planting intensity, on the contrary, common foresters usually raise small dimension forest with a higher planting intensity; ②The forest management cost per unit area of large-scale foresters is higher than common forester，however, the cost per unit output of large-scale foresters is lower than common foresters'; ③The timber volume and carbon sequestration value per unit area of large-scale foresters are higher than the common foresters'. But the average net benefit per unit area of large-scale foresters is lower than common foresters due to a much higher forestland lease and hired labor cost.

Chapter 5: The impact on heterogeneity of forest management benefit for foresters with different scales from off-farm activities and hired labor. This chapter used econometric models to analyze how off-farm activities and hired labor impact on the forest management benefit for foresters with different scales. Through the estimation of econometrical models, firstly, it's argued that increasing of off-farm works for common foresters makes negative impact on the private economic and social ecological benefit of their forest management, which the migration effect from these foresters' off-farm works plays the predominant role in them; However, increasing of off-farm works for large-scale foresters makes positive impact on the private economic and social ecological benefit of their forest management, which the income effect of these large-scale foresters makes the important effect in them, respectively. It's proved that it's necessary to develop the large-scale forest management and design the relative incentive policies for it under the rapid migration of rural labor for off-farm works nowadays. Secondly, according to the estimate results of econometrical models, due to the risk hazards problem, it's suggested that the increasing proportion of hired labor give a negative effect on the forest management of large-scale foresters in the case of a certain labor supply.

Chapter 6 and 7 have discussed about the impact on heterogeneity of forest management investment and harvest decision-making for foresters with different scales from off-farm activities, respectively. The research results included as follows: ①The remittance from off-farm works does not improve two forest groups' forest investment, and even decrease their willingness to contract forestland. Through the estimation of econometrical models, it's argued that migration effect of off-farm works gives a negative effect on forest investment of households with different scales, especially for the common households. Also, this migration effect makes a negative effect on the forestland transferring activities and willingness of households; ②There is a heterogeneity impact on harvest decision-making of households with different scales. It improved common households to make a harvest decision earlier and large-scale households to make a harvest decision later, respectively. Through the estimation of econometrical models, it's obviously found that the migration and income effect of off-farm works gave a different impact on the harvesting decision of large-scale and common foresters, respectively. The forest rotation age which common foresters expected will be much earlier to the optimal forest rotation age by increasing migration effect of off-farm works, they lose their patience in forest investment when balancing between longer rotation age of timber management and faster return from off-farm jobs. However, off-farm works help large-scale foresters to lengthen the forest harvesting age, because remittance effect of off-farm works could ease their budget constraints.

Chapter 8: The conclusions and recommendations. This chapter made conclusions from the chapters above. Also according to the previous findings, this study gave some recommendations as follows: It's necessary to motivate the large-scale management for improving the commercial forest management in southern collective area; to improve the financial policies and modern forest management mechanism to increase the input-output of forest management; to make transit from large-scale economy to division economy and from large-scale forestland management to large-scale service management in forest management.

Thanks so much for all the persons who gave me a lot of help and support to finish this book. Thanks tomy professor Zhigang Xu who gave me a lot of help and comments to identify the topic of my book, data collection and revision of this book. It's really grateful to get all the valuable comments from professor Yueqin Shen, the vice president of Zhejiang Agriculture & Forestry University (ZAFU), professor Weiguang Wu, the former dean of the department of economics and management, and other my colleagues. They also gave me great support to make field surveys and other data collection. Thanks so much for the assistance from master students including Chenming Huang, Qiushuang Fang, Yuqing Mei and Jun Chen to make data collection and analysis for my book, also, my master students Sijia Zhao, Mei Chen, Jun Zhou, Jiayi Xue, Weiyu Zhu and Xinyi Dai to read the draft of my book and make the text proofreading. Many thanks to local government officials in sample provinces including Zhejiang, Fujian and Jiangxi who help us to organize the rural household surveys and receive our interviews, also, thanks for the financial support from the research grants including National Natural Science Foundation of China (71773116), social science research program from bureau of science and technology in Zhejiang (2017C35054), Zhejiang Social Science Foundation (16ZJQN044YB) and the discipline of agriculture and forest economics and management in ZAFU. Finally, I should give many thanks to my family, my wife Yan Yan, my daughter Qingya Zhu, and my parents, I can not have enough courage to finish this book without all your support and smiles.

It's hard to avoid all the mistakes in my book due to my limited level, sincerely hope all the readers give your comments to me.

Zhen Zhu

Dec. 2018

目　　录

1 引　　言

1.1　研究背景、问题与意义

随着林区劳动力转移和非农就业机会的增加，林农的林业经营行为发生了很大变化，林业粗放经营问题日益凸显，影响着林业经营效益。从20世纪90年代开始，城市化进程加速和产业间比较优势的存在导致了山区农村大量青壮年劳动力转向城市及非农部门(廖文梅等，2015)，近年来全国农民工数量年均增长率始终保持在1.4%，2018年我国农村进城打工的农民工数量接近2.9亿(国家统计局，2018)。自林业“三定”以来，南方集体林区林业生产经营制度一直维持着以小规模、分散的家庭经营为主要基本特征(侯一蕾等，2013)，但山区林农非农就业机会的增加和林区农村劳动力的转移，直接造成了集体林区农村劳动力要素供给稀缺和质量下降，营林劳动力机会成本不断上升，因此，林业规模化经营越来越被南方集体林区视为解决这些问题的主要路径(柯水发等，2014)。

在南方集体林区，林地规模化经营已被中央政府视为提升林地利用和产出效率的主要途径，获得了大量林业扶持政策支持。随着新一轮集体林权制度改革的不断推进，作为配套改革的林权流转等一系列林业扶持政策措施不断强化，推动了林地经营规模的扩大和经营主体的多元化，2016年，国务院办公厅更是印发了《国务院办公厅关于完善集体林权制度的意见》(国办发〔2016〕83号)文件，明确提出了引导林业适度规模经营原则。那么，林业经营的规模户与普通户在营林效益上是否有显著差别？获得大量政策扶持的规模户是否在林地经营的私人经济效益和社会生态效益等方面都优于普通户？而农户的非农就业和规模化经营所带来的雇工增加又是如何影响不同规模林农的营林效益、投入与采伐决策的？林业规模化经营政策能否实现林业经济效益和生态效益协调？回答这些问题对于优化林业规模化经营扶持政策、实现南方集体林区森林可持续经营都有重要现实意义。

由于林业的特殊性，对不同规模户在营林中的私人经济效益和社会生态效益差异进行系统比较，才能全面判断规模户和普通林农的差异及优劣。不同于其他产业，林业的功能具有明显的多元化特点，在南方集体林区林农的森林经营中既包括私人经济效益，又包括十分重要的社会生态效益。尤其是南方集体林区主要营林林种——用材林，一直肩负着为我国经济建设提供生产资料的重要任务，但是历史上长期的不合理采伐、过分追求经济效益带来了资源危机和环境恶化，因此近年来促进森林可持续经营、实现经济效益与生态效益协调成为用材林经营的重要目标。不同规模林农在林业经营中的目标都是希望私人产出或收益最大化，而政府政策目标则是社会生态效益最大化，因此，无论从整个社会还是从营林目标而言，林业经营成功与否都需要通过私人经济效益和社会生态效益是否达到均衡来判断。那么，前述各级政府近年出台政策主要受益群体为规模户，是否意味着普通户在林业产出率、营林利润等私人经济效益，以及在林地经营的社会生态效益等方面都不如规模户？回答这个问题首先需要我们对不同规模林农在营林中的私人经济效益和社会生态效益的差异进行系统的比较。

山区林农非农就业增加是我国城市化进程中的必然趋势，分析其对不同规模林农营林私人经济效益和社会生态效益影响的异质性及其机制，对于比较不同规模林农营林效益和研判林业规模化经营成效及不足具有重要意义。城市化进程加速促使传统林农的非农就业比例增加、营林劳动力机会成本增加的现实会导致营林劳动力供给的短缺，其对不同规模林农营林效益的影响具有明显的异质性特点。在私人经济效益方面，规模户可以借助政府的倾斜政策和自身要素禀赋优势通过雇佣劳动力得以解决，但普通户则受资源禀赋限制会选择减少营林投入或通过少量雇工解决，这也会使得规模户在单位林地产出和效率上表现出与普通户的差异。而在社会生态效益方面，一方面，普通户非农就业等替代生计增多及由此带来的劳动力约束是否促使其减少采伐需求或提前进行采伐，导致轮伐期改变？另一方面，营林劳动力投入减少是否又会影响森林经营质量？这两方面的叠加效应会对普通户营林的社会生态效益产生何种影响？同时，规模户是否会因为较为宽松的预算约束和对林业经营收入的重视继而在成熟期乃至之后采伐，从而有利于提高营林的社会生态效益？由此可见，非农就业比例增加会使得规模户在营林生态效益上也表现出与普通林农的差异。因此，准确认识非农就业对不同规模林农营林效益的影响机制对于了解林业规模化经营所带来的优劣势具有现实意义。

在农村劳动力非农转移加速的背景下，家庭劳动力供给的约束直接导致林地规模化经营必然需要大量雇工，而雇工增加会引发劳动质量下降和道德风险问题，深入分析其对不同规模林农营林私人经济效益和社会生态效益影响的异质性及其机制，是比较不同规模林农营林效益和研判林业规模化经营成效及不足的又一个重要视角。南方集体林区地形特点是多山多丘陵，这决定了林地机械对劳动力的替代率很低，规模化经营必然需要雇工的增加，由此带来了道德风险和劳动质量下降问题，其对于不同规模林农营林效益的影响也具有异质性特点。在私人经济效益方面，由于道德风险的存在，自有劳动力边际产出会大于雇佣劳动力，因此规模户需要付出大量的监督成本来保证劳动质量，而普通户则由于自投工比例较大因此劳动质量相对可以保证。由此可见，雇工劳动质量会使得规模户在单位林地产出和利润上表现出与普通户的差异。而在社会生态效益方面，规模户雇工增加带来的劳动质量下降是否会影响森林经营质量，从而导致社会生态效益的下降，也值得探讨。因此，从规模化经营所带来的雇工劳动出发，分析其对于不同规模林农营林效益影响的异质性及其作用机制，对于深入了解林业规模化经营带来的成效和不足也具有重要现实意义。

更深一步地探讨非农就业对不同规模林农营林决策行为变化影响的异质性，将有助于理清非农就业背景下不同规模林农营林效益差异的深层次原因与内在机制，对于完善与优化林业规模化经营相关的政策具有重要意义。从现有的劳动力转移新经济学理论出发，农户的非农就业增加，将强化农户的劳动力约束，同时也会放松农户的收入约束，这会给不同规模林农的营林投入决策行为和资源配置结构带来影响，且具有异质性特点，继而导致营林效益的差异。具体而言，普通户非农就业的增加将带来林农生计行为的转变，而非农就业的比较收益优势及其对家庭劳动力造成的紧约束，是否会对普通户的营林投入、意愿及采伐决策产生负面影响，继而又会影响到营林效益？而对规模户而言，非农就业所带来的收入效应，是否又会对其营林投入、意愿及采伐决策产生正面影响，继而也会影响营林效益？由此可见，针对此类问题及其内在机制进行探讨，对于合理完善现有林业规模化政策具有重要现实意义。

综上，本研究将针对南方集体林区不同规模林农，通过理论与实证研究系统回答以下几个科学问题：在南方集体林区，不同规模林农林业经营私人经济效益和社会生态效益的差异有多大？规模户是否全面优于普通户？林农非农就业状况和规模化经营雇工增加导致的劳动质量下降是否是造成不同规模林农私人经济效益与社会生态效益存在差异的重要影响因素？非农就业背景下不同规模林农营林决策行为的变化和差异是如何影响不同规模林农营林效益差异的？以上问题的影响机制如何？影响程度有多大？

因此，本研究在城市化进程和劳动力转移加速背景下，以南方集体林区

(浙江、福建、江西)不同林业规模经营林农(规模户和普通户)为分析对象,判断和比较不同规模林农在林业生产中私人经济效益与社会生态效益的差异,系统研究雇工劳动和非农就业对于不同规模林农营林效益与决策行为影响的异质性及作用机制,具有重要的现实意义和学术价值;同时,本研究有利于全面深入认识林业规模化经营的优势和瓶颈,为明确今后林业扶持政策的受益对象和以劳动力密集为特征的林业经营发展思路提供科学决策依据;最后,随着南方集体林区林地流转和承包经营的逐步增多,以不同经济社会发展省份作为样本点,系统探讨南方集体林区林业生产经营规模化的相关问题,本研究总结的实践经验和提出的发展建议也可以为其他南方集体林区落实相关林业扶持政策提供示范价值。

1.2 研究目标与研究内容

1.2.1 研究目标

本研究的总目标是明晰林地经营规模户与普通户私人经济效益和社会生态效益的差异,明确非农就业和雇工劳动对于不同规模林农营林效益、营林决策行为的影响及作用机制,系统揭示非农就业对不同规模林农营林决策行为影响的异质性,理解非农就业对不同规模林农营林私人经济效益和社会生态效益影响差异的原因与作用机制,提出优化和完善政府提升不同规模林农营林效益扶持政策的建议。

1.2.2 研究内容

为实现上述研究目标,本书将围绕以下几方面开展研究。

1)非农就业和雇工劳动对南方集体林区不同规模林农营林效益及决策行为影响的理论机制研究。基于劳动力转移新经济学、委托代理理论和外部性理论,构建分析本研究问题的理论模型或逻辑推理,通过理性分析,深入剖析和揭示非农就业与雇工劳动对不同规模林农营林效益(包括私人经济效益和社会生态效益)的影响及其作用机制,提出可检验的理论研究假说。

2)南方集体林区不同规模林农私人经济效益和社会生态效益差异研究。选择南方集体林区代表性树种杉木,通过在三个省的实地调查获得不同规模林农的一手数据,然后基于调查数据分析并比较林业经营规模户和普通户的林地经营、雇工劳动情况及非农就业等林农营林与家庭特征,以及林地产出率、单位面积利润和林地碳汇价值等营林经济效益及生态效益指标的差异。

3) 非农就业和雇工劳动对不同规模林农营林效益影响的异质性研究。选择杉木为研究树种，基于对林业经营规模户和普通户的实地调查数据，从非农就业和雇工劳动两个研究视角，运用供给反应模型分析非农就业和雇工劳动对不同规模林农林业单位面积产出、单位面积利润、林业单位面积碳汇价值等私人经济效益与社会生态效益的影响及其作用机制。

4) 非农就业对不同规模林农营林要素投入行为影响的异质性研究。重点分析非农就业对不同规模林农要素投入行为的影响，揭示非农就业背景下不同规模林农营林效益差异的深层次原因与内在机制。基于对林业经营规模户和普通户的实地调查数据，重点分析非农就业对林农在造林、抚育和采伐等营林行为的投入成本及其结构、林地流入行为意愿的影响及其作用机制。

5) 非农就业对不同规模林农营林采伐决策行为影响的异质性研究。重点分析非农就业对不同规模林农采伐决策的影响，揭示非农就业背景下不同规模林农营林效益差异的深层次原因与内在机制。基于对林业经营规模户和普通户实地调查数据，计算林农理论最优轮伐期，重点分析非农就业对不同规模林农在预期轮伐期、预期与理论最优轮伐期偏差方面的影响及其作用机制。

6) 提升南方集体林区不同规模林农营林效益的扶持政策设计。在以上研究基础上，综合评判林业规模户和普通户在私人经济效益与社会生态效益方面的差异及其成因，基于南方集体林区实际和规模化经营背景，综合考虑林农生计、产业发展，提出完善政府提升南方集体林区不同规模林农营林效益的扶持政策。

上述 6 项内容存在密切联系，是一个有机整体。研究内容 1 主要建立了本研究的理论基础和分析框架，提供对理论机制的说明；研究内容 2 是从总体上比较不同规模林农之间营林上的私人经济效益和社会生态效益差异，为后面的研究提供数据支撑基础和本底情况，并初步判断不同规模户营林的私人经济效益和社会生态效益；研究内容 3～5 为本研究的核心内容，是在研究内容 1 和 2 基础上的深入，同时也是通过实证计量研究验证研究内容 1 的理论机制。其中研究内容 3 重点从非农就业和雇工劳动两个视角分别探讨了其对于不同规模林农营林经济效益与生态效益影响的异质性，而研究内容 4 和 5 是在研究内容 3 基础上的进一步深入，重点从林农营林决策行为变化讨论不同规模林农营林效益异质性的深层次原因。而研究内容 6 是对上述三部分核心研究内容的提升和总结，即基于上述三部分研究内容，得出研究结论并提出政策建议。

1.3 研究方法与技术路线

1.3.1 研究方法

根据以上研究内容，本书以契约理论中委托代理理论的道德风险模型和劳动力转移新经济学理论为主要依据，运用理论与实证相结合的分析方法，借助定性与定量分析工具，揭示雇工劳动和非农就业对于不同规模林农营林效益的影响机制。以下是各研究内容所应用的分析方法。

研究内容 1：从契约理论中委托代理理论的道德风险模型和劳动力转移新经济学理论分析考虑非农就业对林农营林私人经济效益与社会生态效益的影响，从而建立理论模型；随后，以道德风险模型为基础，构建考虑雇工劳动对林农营林的私人经济效益与社会生态效益影响的理论模型；之后，为其提供理论分析框架。

研究内容 2：采用统计分析方法和比较研究方法对不同规模林农的营林特征、私人经济效益和社会生态效益进行描述性统计和分类比较。

研究内容 3：基于实证调查数据，运用供给反应模型分析非农就业和雇工劳动对不同规模林农林业单位面积产出、单位面积利润和单位面积碳汇价值等营林经济效益和生态效益指标的影响。

研究内容 4：基于实证调查数据，从林农生产投资和决策行为角度出发，运用计量模型分析非农就业对不同规模林农单位面积营林成本及结构、林地流入规模和意愿的影响。

研究内容 5：运用实证调查数据，从采伐决策差异角度出发，运用计量模型分析非农就业对不同规模林农在预期轮伐期、预期与理论最优轮伐期偏差方面的影响。

研究内容 6：在上述研究内容基础上，进行全面总结并设计在非农就业背景下，完善政府提升南方集体林区不同规模林农营林效益的扶持政策。

1.3.2 技术路线

基于以上研究目标、研究假说与研究内容，图 1-1 展示了开展研究的技术路线。在总结国内外相关研究基础上，首先，基于委托代理理论和劳动力转移新经济学理论，构建分析非农就业和雇工劳动对于不同规模林农营林效益的影响的理论模型或逻辑推理。其次，通过实地调查和描述性统计比较并明晰不同规模林农私人经济效益（林地单位面积产出和利润）和社会生态效益

(单位面积碳汇价值)的差异。再次，通过计量模型实证分析，分别研究非农就业和雇工劳动对于不同规模林农营林效益的影响及作用机制、非农就业对不同规模林农营林要素投入和采伐决策变化的影响，解释非农就业背景下不同规模林农营林效益异质性的深层次原因。最后，提出在非农就业背景下完善政府提升南方集体林区不同规模林农营林效益的扶持政策。

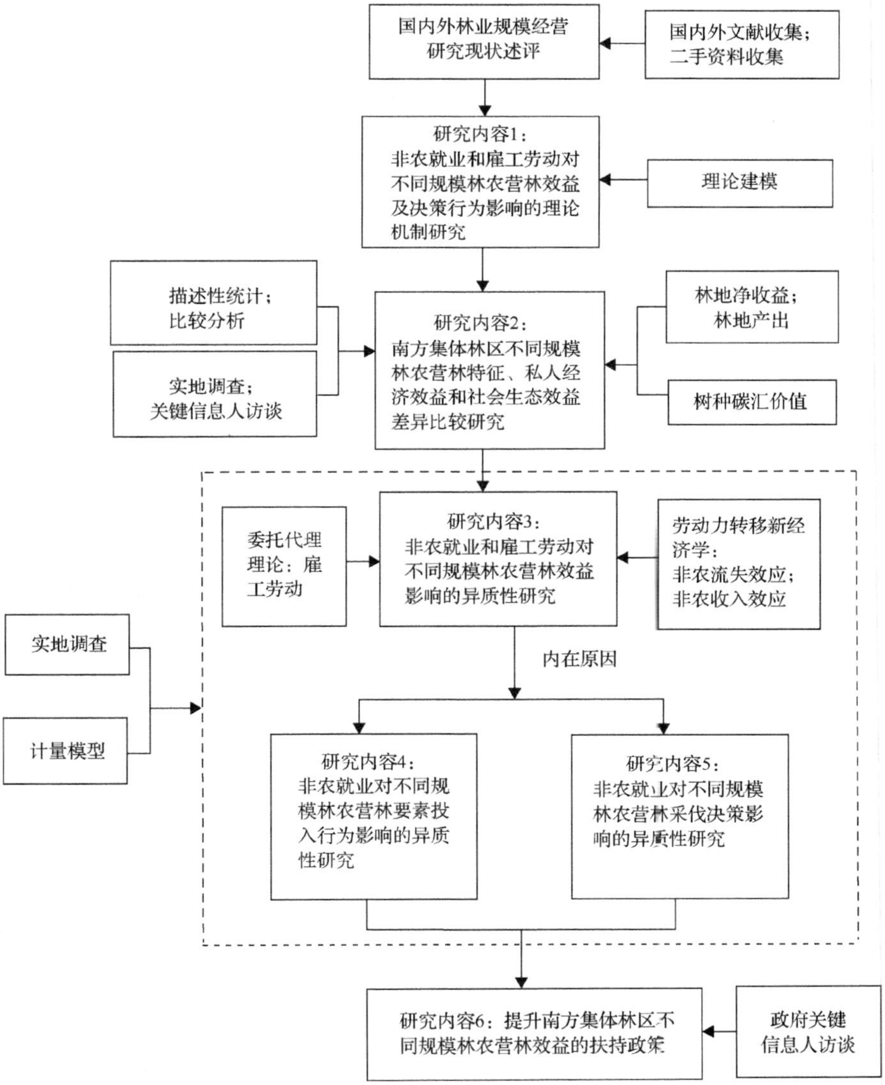

图 1-1 研究的技术路线

2 理论基础与国内外相关研究述评

本章主要介绍本研究的理论基础和国内外相关文献综述。分为两节，首先对劳动力转移新经济学理论、委托代理理论和外部性理论进行简要介绍，为下文建立理论分析框架奠定基础；其次对与本研究主题相关的国内外文献进行综述，对农林地流转和不同规模经营相关研究、森林经营效益评估相关研究、非农就业对林农农林业生产决策行为和经营效益影响相关研究、雇工劳动对农林业生产影响相关研究四方面的文献进行梳理和综述，并对研究需要完善和发展的地方进行述评。

2.1 理 论 基 础

2.1.1 劳动力转移新经济学

2.1.1.1 *劳动力转移理论发展*

农业劳动力的非农转移是解决剩余农村劳动力问题和提高农民收入的主要途径。自亚当·斯密发表《国富论》开始，有学者就开始分别从农业外部环境和内部因素来解释农村劳动力转移的原因。Lewis（1954）运用古典经济学二元结构发展模型得出，农业和非农业部门的工资差别刺激着劳动力在农业及非农业部门之间的分配与转移，使其在经济上从低收入向高收入转变，继而促使二元经济结构逐步消减。Fei 和 Ranis（1964）在 Lewis 理论基础上继续发展了新古典主义的“二元经济”模型，成为 20 世纪 80～90 年代劳动力转移研究的主要理论基础。Todaro（1969）在其基础上，针对城市居高不下的失业率和非完善市场提出了以农民预期收入为核心的理论模型，主要解释了在城市的高失业背景下农村劳动力仍然持续不断向城市转移的原因。但新古典主义完全市场理论和相关模型都不能解释劳动力转移的选择性问题，有学者针对此问题，发展了劳动力转移的人力资本学说，指出不同转移劳动力之间存在一定的差异，具备较高教育程度、风险承受度高、在转移地有一定社会网络的年轻群体具备较高的人力资本，从而与低人力资本的转移群体存在收入和转移成本的差别（Mincer，1974；Becker，2010）。

2.1.1.2 劳动力转移新经济学模型

上述理论要么从农业和工业部门的宏观视角，要么从劳动者个体微观视角探讨了劳动力转移的内在动因，但其解释都较为片面，无法从系统层面解读劳动力转移的真实原因。在城市化发展进程中，林地资源用途的变化及农村大量青壮年劳动力转向城市和非农部门，导致营林的劳动力要素及其结构发生了相应变化。而现实中，此种农村劳动力发生转移是由家庭集体决策行为而非个体行为导致，因此采用上述模型就显不妥。为了考虑整个农村家庭在效用最大化目标下资源配置决策对其劳动力转移的作用，需要采用劳动力转移新经济学(new economics of labor migration，NELM)模型来充分解读劳动力机会成本提高背景下，营林劳动力生产要素及其结构变化对营林生产的影响机制(Stark and Bloom，1985；Stark，1991)。

NELM 理论将劳动力转移视为农户的家庭决策行为。当一个农户家庭决定让其某个成员外出务工时，其实是对家庭劳动力要素使用进行重新配置，这个投资决策既会影响家庭的短期产出，又会影响其长期产出(Taylor et al.，2003)。由此可见，NELM 理论主要使用投资组合理论和契约安排理论来解释劳动力转移与家庭决策的关系。具体而言，如果农户将农村家庭劳动力单纯投入农林业生产或是转移非农就业，家庭收入都将存在不确定性，因此农户为了追求长期稳定的收益回报，会根据投资组合的原理，对家庭劳动力资源要素重新配置，在此过程中会造成农村家庭潜在的要素配置决策和收益的变化。一是家庭务农劳动力的流失，简称为流失效应；二是潜在的家庭收入增加，即非农转移就业者可以为家庭提供务工汇款的预期收益，可以称之为收入效应(Zimmerer，1993；Rigg，2006)。而这两类效应的综合会给农林业生产带来极大的不确定性。

参照钱文荣和郑黎义(2011)的研究，从具体的林业经营分析来看，非农就业带来的劳动力转移给农林业生产带来影响。其中，假定林农原有资源禀赋拥有量为 $\bar{T}$ ，林农将 $\bar{T}$ 投资从事高收益和低收益的两类生产活动，如非农就业和林业经营工作，两者的产出分别为 Q_1 和 Q_0，同时 Z_y 是一组家庭特征变量，它决定着农户生产各种产品的生产率，图 2-1 中线 P 为生产可能性边界曲线(PPF)。若高收益和低收益的两类产品的相对价格 p_1/p_0 大于线 P 的斜率，则林农将专业化生产高收益产品 Q_1 ，产出为 $Q^* = f_1(\bar{T}, Z_y)$ ，其中收入为

$Y^* = g(Q^*)$。

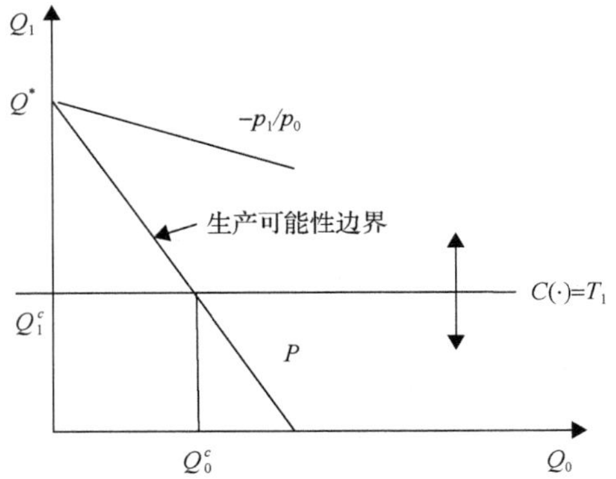

图 2-1 劳动力外出务工对家庭生产的潜在影响

上下双箭头是指该约束条件增加或减少

但如果林农面临外部市场约束$C(\cdot)$，如劳动力、资金、风险等，就会使得产品的产出受到约束。假设非农就业产出受到的约束条件为$C(\cdot)=T_1$，表示林农进行非农就业过程中受到约束，促使林农只将有限资源T_1投入非农就业活动中去。在此情况下，高收益非农就业生产的产出为$Q_1^c = f_1(T_1, Z_y)$，低收益林业经营产出为$Q_0^c = f_0(\bar{T} - T_1, Z_y)$。约束线$C(\cdot)$将受到劳动力流失效应和收入效应相互作用而产生向上或向下的移动，使得林农的均衡产出发生变化。图 2-1 可以用来表示在林农家庭劳动力要素等受到约束的条件下，对非农就业和林业经营产出变化的影响。

2.1.2 委托代理理论

市场经济的核心是交易，其也是市场实现资源配置的起点(帕特里克·博尔顿和马赛厄斯·德瓦特里庞，2008)。在 20 世纪 40 年代之前，经济理论中的交易主要指的是直接即期易货交易，在古典经济学中一般采用 Edgeworth 方盒进行分析(Debreu，1959；Arrow，1964)，在此基础上，形成了契约理论，大致经历了对称信息下交易活动分析、非对称信息下交易活动分析和对“所有权”及“控制权”配置进行研究的三个阶段(Mirrlees，1999；张维迎，2004；约瑟夫·斯蒂格利茨和卡尔·E·沃尔什，2010)。而委托代理理论是契约理论在过去 40 多年中最重要的理论进展，目前已成为传统契约设计理论的核心内容(Lazear and Edward，1995；Laffont and Martimort，2002)。

在农村非农转移就业逐步增多带来了营林劳动力的稀缺和林地的闲置。随着集体林产权制度改革的不断推进，林地流转现象和林地规模化经营不断增多。营林面积不断扩大，导致规模户只能通过雇工才能解决营林问题，由此委托代理关系应运而生。但是，在传统委托代理关系中，林地经营主(委托人)与雇工(代理人)之间的目标效用不同，因此通常存在委托人与代理人间的利益冲突。若缺乏相应有效的制度约束，雇工(代理人)的行为最终很可能会损害林地经营主(委托人)的利益(张维迎，2004；因内思·马可-斯达德勒和J.大卫·佩雷斯-卡斯特里罗，2004)。

委托代理关系的性质又决定了林业经营雇工和雇主之间的信息不对称，这在以粗放经营为主的林业生产中显得更为突出。如果此种信息的不对称发生在当事人签约之后，即雇工与雇主签订合同后开展林业经营，但由于林业经营野外、粗放的特点，雇主难以监督管理，则可能产生道德风险问题，也由此出现了解决事后信息不对称(即隐藏行动)的道德风险模型(因内思·马可-斯达德勒和J.大卫·佩雷斯-卡斯特里罗，2004；张维迎，2004)。

林业经营中的道德风险模型也可以通过博弈模型来展示。其中林地经营主(委托人)作为主动缔约方，提出契约；若雇工(代理人)接受该契约则付出相应的努力水平 e；委托人得到契约结果 x，同时向代理方支付工资 w。假设该契约的结果有 n 种，用 $X=\{x_1,\cdots,x_n\}$ 表示，其中 x_i 为可验证变量。契约结果不仅取决于雇工(代理人)努力水平 e(可用 E 表示所有努力水平的集合)，也取决于某种随机因素。假定结果集有限，则当代理人付出努力水平 $e\in E$ 时，$\forall i\in\{1,2,3,\cdots,n\}$，契约结果 x_i 发生概率为

$$\text{Prob}[x=x_i\mid e]=p_i(e) \tag{2-1}$$

式中，$\sum_{i=1}^{n}p_i(e)=1$，且 $p_i(e)>0$，$p_i(e)$ 为随机因素的先验分布，$\forall e,i,p_i(e)>0$ 表示不能将任何一种既定努力下的某种结果排除。

林地经营主的效用函数可以用 $U_p(x-w)$ 表示，假设委托人——林地经营主是风险中性者或风险规避者，即 $U_p'>0$ 且 $U_p'\leqslant 0$，他的经营目标是利润尽可能最大化。林地经营主获得的利润(即 $x-w$)不直接取决于他所雇工人的努力水平 e，而由所雇工人任务完成的结果决定。此外，雇工在此基础上决定是否接受契约，一旦接受则得到工资 w，同时需要付出努力水平 e。用 $U_A(w,e)$ 表示雇工效用函数，为了简化分析，假设效用函数是关于工资和努力水平的

一个函数，即 $U_A(w,e)=u(w)-v(e)$。假设雇工为风险中性者或者风险规避者，即

1）$u'(w)>0, u''(w)\leqslant 0$，即雇工对工资偏好是凹的；

2）$v'(e)>0, v''(e)\geqslant 0$，即雇工努力的负效用越来越大。

由此产生了林地经营主与雇工之间在契约达成后由信息不对称所带来的道德风险问题。尤其是在所接受任务契约的难度增加（如经营面积扩大），导致其努力水平 $v(e)$ 需要明显增加时，其所面临的道德风险更为突出。

假设外部市场提供给雇工工作机会所具备的预期效用为 U，称为雇工保留效用。只有当林地经营主提供给雇工的契约预期效用不小于保留效用 $\underline{U}$ 时，雇工才会接受契约。此过程可以用扩展式博弈表示，参与人的行动时序如下。

1）由林地经营主设计契约 $\{w(x_i)\}_{i=1,\cdots,n}$。

2）雇工选择接受或拒绝契约。如果雇工拒绝契约，则得到市场提供给他的保留效用 $\underline{U}$。

3）如果雇工接受契约，则选择努力水平 e。

4）雇工的努力水平 e 和随机因素共同决定契约结果 x_i。

5）雇工获得工资 $w(x_i)$，林地经营主获得剩余的 $x_i-w(x_i)$。

当存在非对称信息时，由于林地经营主只能观测到契约结果而不能观测到雇工的行为，从而产生道德风险问题。此时，委托人不能单纯使用“强制契约”来迫使代理人选择自己所希望的行动。所以，当存在非对称信息时，激励相容约束起作用，契约设计问题用如下模型描述（让-雅克·拉丰和大卫·马赫蒂尔，2002；因内思·马可-斯达德勒和 J.大卫·佩雷斯-卡斯特里罗，2004；帕特里克·博尔顿和马赛厄斯·德瓦特里庞，2008）。

$$\max_{[e,\{w(x_i)\}_{i=1,\cdots,n}]}\sum_{i=1}^{n}p_i(e)U_p(x_i-w(x_i)) \tag{2-2}$$

$$\text{s.t.}\sum_{i=1}^{n}p_i(e)u(w(x_i))-v(e)\geqslant \underline{U} \tag{2-3}$$

$$e\in\arg\max_{\hat{e}}\left\{\sum_{i=1}^{n}p_i(\hat{e})u(w(x_i))-v(\hat{e})\right\} \tag{2-4}$$

第一个约束称为雇工的理性约束（亦称参与约束），第二个约束称为代理人的激励相容约束。

道德风险模型目前已被广泛用于分析各种经济关系。在农业经济领域中有对地主和佃农之间的最优分成合同的研究(Stiglitz，1974；Newbery and Stiglitz，1979)和对效率工资理论的研究(Shapiro and Stiglitz，1984)。

2.1.3 外部性理论

对外部性的探讨从古典经济学时期就已经开始，亚当·斯密对公共工程的分析，约翰·穆勒对灯塔的分析，就是这方面的著名例子。外部性作为一个正式概念，最早是由马歇尔提出的，而最先对外部性进行系统分析的则是庇古。庇古对外部性的研究更为深入，因而外部性理论又被称为庇古理论。庇古区分了正外部性经济和负外部性经济。国内经济学者认为，一个经济人的行为对另一个经济人的福利产生了影响，而这种效应并未从货币或市场交易中反映出来，当某一经济行为将成本或效益加于他人之上，行为人却未为此付出代价或得到利益时，便产生了外部性(张帆，1998；高建中，2004)。可见，外部性是指某人或某单位的经济活动对其他人或单位所产生的非市场性的有利或有害的影响，前者称为外部经济，后者称为外部不经济。也就是说，外部经济的生产者私人收益小于社会收益；外部不经济的生产者私人边际成本小于社会边际成本，因而私人边际收益大于社会边际收益。外部效应是外部性问题反映了人们决策的相互影响，缺乏合作，以及使经济主体的利益分享、成本负担不均衡的表现，具有普遍性和双向性，即不通过价格机制反映的影响，进而会产生不能全部反映到私人成本中的社会成本。由于对外部性的研究，古典经济学理论受到了挑战，从而开辟了现代经济学理论一个重要的分支，即制度经济学领域，探讨产权制度的重要性。

与其他部门相比，林业的特殊性在于：它不仅生产有形的资源产品，同时也生产无形的生态服务，而且后者的生产以前者的存在为基础，这是由森林的特点所决定的，由此造成在森林经营活动和过程中，普遍具有外部性。林业的外部性问题主要表现在两个方面：一是森林的过度采伐或乱砍滥伐会破坏森林生态系统的服务功能，造成所谓的边际外部成本，从而产生外部不经济问题。例如，森林面积减少导致水土流失、土地沙化及影响农业产出水平就是林业生产中普遍的外部负经济性问题；二是森林生态系统服务功能的正外部性经济问题，即森林的生态水文功能、环境功能的外溢使社会收益大于私人(部门、地区)收益，下游收益大于上游收益，差额构成了森林经营的正外部性(张涛，2003)。而本书中所重点讨论的林农营林所产生的生态效益指的正是森林所带来的正外部性经济。

森林生态效益价值评价正是通过对森林所带来的生态效益进行货币化量化评价，从而实现森林外部性经济内部化，并为森林生态效益补偿奠定基础。从外部性理论出发，森林作为外部性强的公共物品，其最大的贡献在于其提供的生态效益价值。针对生态系统综合效益评价的研究始于20世纪50年代。自20世纪90年代起，国内外对深入认识生态系统的服务功能并量化其经济价值有了强烈的实际需求。森林生态效益价值的评价以外部性理论为基础，并为森林生态效益补偿标准提供了依据。

2.1.4 简要述评

本部分梳理的劳动力转移新经济学模型、委托代理理论、道德风险模型和外部性理论，为本研究建立理论分析框架及相应计量模型奠定了坚实基础，但是仍存在一些问题有待进一步解释。

1）劳动力转移新经济学理论探讨了非农就业所带来的劳动力转移改变家庭生产的资金与风险约束，进而对家庭生产决策产生的影响，这为本研究分析劳动力转移对林农营林效益及决策行为的影响奠定了基础。应认识到，林业的外部性和长周期特点导致林农的林业生产决策并不是简单地对生产要素价格产生即时反应，而且林业产出是多目标产出，包含了私人经济效益与社会生态效益，因此劳动力机会成本的上升对营林的私人经济效益和社会生态效益的影响机制及结果是有差异的，同时对于不同资源要素约束状态下的规模户和普通户而言，其影响机制和结果也是有差异的。本书考虑集体林产权制度安排下不同规模林农非农就业对营林效益的影响，将劳动力转移新经济学理论运用到林业经济领域，同样也是对原来理论的进一步推进和完善。

2）传统的委托代理理论和道德风险模型为本书分析雇工劳动对不同规模林农营林效益的影响提供基础分析工具。在农业经济领域，现有大量研究运用委托代理理论和道德风险模型作为基础理论分析雇工对农业经营效益造成的影响（Ackerberg and Botticini，2002；Pandey，2004；Arcand et al.，2007；王颜齐和郭翔宇，2011；Bharadwaj，2015）。但在林业经济领域，运用该理论结合不同产权制度安排和不同林农要素资源禀赋条件讨论雇工劳动对不同规模林农营林效益作用的研究甚少。从现实中也可以发现，不同规模林农在林业经营活动中所面对的雇工道德风险存在差异，同时还受到外部要素市场、不同产权制度安排的影响，另外结合林业的特殊性，在产出问题上还包含了私人经济效益与社会生态效益的比较问题。因此，本研究在此基础上，考虑南方集体林区林农雇工劳动质量对不同规模林农营林效益的影响，是对原来的理论的进一步推进和完善。

3)从外部性理论出发，国内外很多学者对森林生态效益价值的评估主要集中于公益林和林业重大生态工程，而在本书的研究对象讨论中，农户所经营的是商品林业，而在发展商品林业的过程中营造出来的以木材收获为主要经营目标的人工森林生态系统同所有其他类型的森林生态系统一样，都具有一定的生态效益，而且商品林提供的这种正外部性不会影响商品林投资经营者的投资经营决策。市场经济条件下的商品林经营者并不真正关心外部经济问题，它的投资决策是基于内部收益与成本而做出的，商品林所产生的外部效益是经营者“顺带地”为社会所做的贡献，是一种“主观为自己，客观为别人”的行为，与公益林有本质差别的这种生态效益也是一种公共物品，但目前对商品林生态价值的探讨较为缺乏。同时，现有研究主要基于宏观层面或一定区域范围内对森林资源总体生态效益的评估，缺乏对微观经营主体营林中产生的生态效益的测度。因此本书对不同规模林农营林效益价值的评价和计算也是对现有理论的进一步应用和完善。

2.2 国内外相关研究述评

国内外在农林业不同规模经营比较、森林经营效益评估、非农就业对林农农林业生产决策行为和经营效益的影响、雇工劳动对农林业生产影响等方面的研究已取得一定的成果，主要可以归纳为以下几个方面。

2.2.1 农林地流转和不同规模经营的相关研究

2.2.1.1 农林地流转的相关研究

现有对农林地流转的研究集中在多个领域。

有不同学者总结了农林地流转的前提和动因。其前提是保证林地经营制度和林地权属的稳定性(沈文星等，2001；张红宇，2002；孔凡斌和廖文梅，2011)。农林地流转的动因是由集体林权改革带来的林地细碎化的加剧，会导致交易费用和管理成本的上升(李孔岳，2009；罗必良和李尚蒲，2010)、林农林地投资积极性的下降(廖文梅，2011；Yin et al.，2013；张舟等，2014；Xie et al.，2014；Liu et al.，2016)，以及农林地经营效率的提升(孔凡斌和杜丽，2008；曾华锋和聂影，2008；孔凡斌和廖文梅，2011；郜亮亮和黄季焜，2011)。

大量学者分析了农林地流转的主要内容和基本模式(任勤和李福军，

2010；孟俊杰等，2011；仇娟东和赵景峰，2013），总体而言，可以将流转模式分为三大类(张舟等，2014)：第一类是市场自主交易模式，即林地的供需双方(包括流转大户与企业)在市场中直接交易；第二类是第三方主导模式，即通过第三方如政府或具有政府延伸职能特征的村集体等基层组织推动林地流转(吴德胜，2008；乔瑞庆和任大廷，2012)；第三类是自组织模式，村集体形成自愿联合和民主管理的互助性经济组织，实现林地从个人向组织流转，如林业股份合作社(谭智心和孔祥智，2006；张笑寒，2009)。

有学者对农林地流转及流转模式绩效进行了比较。学术界普遍认为林地流转有利于生产要素配置和提高林业生产效率(Zhang et al.，2017)；促进了造林投资主体的多元化和投资结构的社会化；提高了营林效益和农户收入(周新玲，2005；柏章良等，2006；孔凡斌，2008；柯水发等，2012；于金富和王保海，2012)。

有学者分析了林地流转配套改革和管理中存在的问题，包括主管部门定位不清、采伐政策等行政干预过多(周新玲，2005；孔凡斌等，2011)，林权流转行为合同不规范(柏章良等，2006)，以及外部劳动力等市场环境的挑战(刘璨等，2015)。

2.2.1.2　规模化经营和适度规模经营相关研究

现有的规模化经营和适度规模经营的研究主要集中在农业经济领域。早在 20 世纪 80 年代中期，以基于中国新一轮家庭联产承包责任制的土地规模化经营探索作为开端，学术界就围绕农业规模化经营的必要性开展了大量研究，形成了两类观点：有些学者认为中国并不存在规模不经济的问题，认为扩大农地经营规模不适合中国农业发展(陈健，1988；王诚德，1989)；还有一些学者认为，农业生产朝着土地节约型的劳动密集和资本密集的方向发展，农业发展方向应走依赖于生化技术进步的土地节约型农业发展道路(罗必良，2000；刘凤芹，2006)。随着城市化进程加速及农村劳动力转移日益突出，现在大量学者则从提高农地规模报酬和发展现代农业等不同角度论述了走规模化经营道路已成为中国的必然选择(韩俊，1998；艾云航，1994；梅建明，2002)。近年来随着中央高度重视土地规模化经营，有学者开始讨论农业规模化经营的模式选择和创新，从传统单纯土地要素的规模化经营转移到服务规模化经营(耿玉春和吕莉，2012；胡新艳等，2015)。近年来，有学者运用一定的计量模型来探讨农业规模化经营的可行性，通过以非线性动力学模型为工具来判断规模化经营的可能性和必要性(方斌和丁毅，2010)。

从1987年开始，国务院农业发展研究中心开始在全国各地进行农业土地适度规模经营试验，从20世纪末开始，国内理论界对于适度规模经营的必要性、目标及评价标准，以及适度规模与家庭联产承包制的关系等问题进行了大量研究(胡小平，1994；黄祖辉和陈欣欣，1998；王昉，2003)。目前，学者大多运用经济学理论和指标定量探讨适度规模问题，如基于规模经济理论探讨了农户粮食生产的适度规模(许庆等，2011；朱方林等，2014)；而判断适度规模经营的主要指标包括土地产出率、劳动生产率和资金生产率等(齐城，2008；许庆和尹荣梁，2010)。在林业经济领域，现有研究明显不足，主要是小范围的研究，如在南方集体林权改革背景下探讨林地规模化经营的模式(李朝柱，2014)，针对适度规模的研究较少。

2.2.1.3 不同规模经营生产中产出水平、效益和技术效率的相关研究

现有国内外大量研究已关注农地不同规模经营与其效率的关系。主要的研究集中在农业经营中，关注的是不同规模经营与土地产出率、劳动力生产率、单位生产成本或单位农地净收益、全要素生产率、技术效率等指标之间的关系及比较。在不同规模经营与土地产出率方面，一种观点认为农地规模化经营不但不会提高粮食的生产效率(Sen，1962；万广华和程恩江，1996；罗必良，2000；刘凤芹，2006)，反而会导致产出率的降低(任治君，1995；林善浪，2000)。但也有的观点认为规模扩大与提高农地产出率并行不悖(张光辉，1996；孙自铎，2001；郭江平，2003)。在不同规模经营与劳动生产率的关系方面，大多数实证研究认为，规模化经营对劳动生产率呈正向影响关系(夏永祥，2002；李谷成等，2010)；在不同规模经营与成本利润率方面，现有研究发现两者间关系呈多样化，有非线性关系，如两者呈倒“U”形关系(郑少锋，1998；胡初枝和黄贤金，2007；夏永祥，2002；李文明等，2015)，也有国外学者认为经营规模越大，反而单位净收益越低(Berry and Cline，1979；Newell et al.，1997；Heltberg，1998)；在不同规模经营与全要素生产率方面，现有研究不多，认为两者无明显关系(Townsend et al.，1998；李谷成等，2010)；在不同规模经营与技术效率方面，目前研究不多且结果不一，有认为两者间没有显著关系的(Bagi，1982)，有认为呈正相关关系的(Bagi and Huang，1983)，也有认为呈非线性关系的(Steven and Edward，2004；张忠明和钱文荣，2010)。国内外学者同时还专注于探讨规模经营效率评估问题。国外学者侧重于通过基于实证数据利用生产函数的弹性系数估测粮食生产的规模效益(Feder，1985；Fleisher and Liu，1992；Kalirajan and Huang，1996)。

而在国内，有学者运用单位成本收益分析了粮食规模化经营的效益(林善浪，2000)；也有学者基于生产要素理论和科布-道格拉斯生产函数关注土地规模化对农业生产绩效的影响(胡初枝和黄贤金，2007；刘玉铭和刘伟，2007；许庆等，2011)，还有学者借助数据包络分析(DEA)法分析农地规模调适下农户粮作经营的综合效率(张建杰等，2014)。在林业经济领域，现有研究较为落后。由于林业生产周期较长，因此给利用生产函数分析生产效率问题带来了困难。有学者运用 DEA 法和概率模型探讨了林业规模化经营的效率(王成军等，2010；石丽芳和张春霞，2012)，但往往将林业规模化经营等同于规模报酬递增，且其投入与产出无法真实对应。可以发现对不同规模林农的营林效益比较较为缺乏。

2.2.2 森林经营效益评估相关研究

2.2.2.1 森林经营的经济效益评估相关研究

森林经营经济效益分析研究主要集中于从 18 世纪开始的对木材理论最优轮伐期的讨论，林业产业投入产出分析，以及近年来结合林业相关政策实施的经济效益评价。

从 18 世纪森林永续经营思想被提出以来，对于木材产出的最优化问题一直是林业经济学者讨论的主题。现有的木材产出目标主要集中在木材产出最大化、木材净价值最大化和林地收益最大化等三类不同目标上(沈月琴等，2011)。三类目标中，Faustmann(1849)开创性地考虑了土地的机会成本，以林地收益最大化为目标，测算林地期望值最大化来探索理论最优轮伐期问题。随后 Ohlin(1921)、Samuleson(1976)对 Faustmann 模型进行了修正和解释，使其成为林业经济学中最为经典的模型。有大量学者利用生长模型和 Faustmann 模型对不同地区典型树种如杉木、马尾松等进行了理论最优轮伐期的测算(刘国敏，2004；陈则生，2010；周国模等，2001)。Hartman(1976)进一步拓展了 Faustmann 模型，将环境价值纳入模型中，用以考虑森林环境价值和经济价值相结合的目标下的最优采伐问题，继而其被广泛地用于讨论森林碳汇价值评估和最优经营决策上。

为了实现林业资源的有效配置和规模经济效益，分析林业的投入产出是一个迫切需要解决的问题。国内外学者从宏观和微观视角开展了相关研究。国外学者采用了投入产出表、基于影响分析的规划建模系统(impact analysis for planning modelling system，IMPLAN)等计量模型研究森林产业对当地经济的贡献(Lůkewille et al.，1993；Hussain，1996；Brian and Munn，2001)。国内也有学者采用多部门经济模型计算了地区林业产业结构变动或林业产业对林业经济增长的贡献值(薛新伟，1997；黄烈亚等，2008；肖敏静和赵璟，2010)。在微观领域，近年来有不少学者采用了二手统计数据或实证调查数据，基于数据包络分析(DEA)、随机前沿生产函数(SFA)和林业生产函数等方法讨论林业的投入产出行为，用以评价林业的生产效率和经济效益(Labell and Stuart，1998；Viitala and Hanninen，1998；赖作卿和张忠海，2008；宋长鸣和向玉林，2012；田淑英和许文立，2012；田杰和姚顺波，2013；张颖等，2016)，也有学者基于实证农户调查，分析了不同林产品的投入和产出问题(朱臻等，2011)。

林业产权改革政策和产业政策的经济效益评估是目前研究的热点。有学者通过实证研究分析了地区林业发展对企业等经济组织、农户经济收入水平的影响(吴伟光等，2008；谢旭轩等，2010)，针对南方集体林区，大量研究讨论了集体林权改革对于山区农户生计的影响(徐晋涛等，2008；贺东航和田云辉，2010；黄利和吕杰，2010；廖文梅等，2015；Siikamäki et al.，2015)；也有学者讨论了生态保护政策实施后对农户生计收入的影响(易福金等，2006；刘璨和张巍，2007；李卫忠等，2007；李桦等，2013；Liu et al.，2014，2018)。

2.2.2.2 森林经营的生态效益评估相关研究

从外部性理论出发，森林作为外部性强的公共物品，其最大的贡献在于其提供的生态效益价值。早在19世纪后期，国外生态学者便已开始从事生态系统服务功能研究，但由于科学技术手段的限制，主要以定性描述为主。针对森林经营生态效益评估的研究起源于学者对于生态系统服务及其效益的日趋重视。针对生态系统综合效益评价的研究始于20世纪50年代。20世纪70年代初，生态系统服务的科学概念得以提出(李少宁等，2004)，并经过Holdren和Ehrlich(1974)、Westman(1977)、Ehrlich(1992)等扩展后，逐渐被人们所公认和普遍使用。20世纪90年代以后，国际学者开始对生态系统服务经济价值测算进行了深入研究，代表性成果包括Daily(1997)和Costanza等(1997)的研究成果，这些研究提出17种生态系统服务功能，并评估了其价值。近年来随着气候变化日趋受到重视，国际学者结合Faustmann-Hartman模型对碳汇价值开展的定量评估开始增多(Sedjo，1989；van Kooten et al.，1995；Murray，2000；Stainback and Alavalapati，2002)。

20世纪90年代，国内外对深入认识生态系统的服务功能并量化其经济价值有了强烈的实际需求。不同学者针对森林、湿地、草原和水域等不同生态系统的服务功能进行了价值评估(欧阳志云等，1999；谢高地等，2001；Woodward and Wui, 2001；赵同谦等，2004)。其中对于不同区域的森林生态系统价值评估成为研究热点，如侯元兆(1995)首次估算出我国森林资源总价值为13万亿。随着中国林业六大生态工程的不断推进，近年来国内研究主要集中于林业生态工程的生态效益评价上(万志芳和蒋敏元，2001；刘璨，2004；孔凡斌，2004；李文华等，2007；李晓敏和陈文俊，2010；曾以禹等，2014)。近年来气候变化成为国内外关注的热点问题，依靠森林碳汇成为缓解气候变化的有效途径之一，因此国内外学者对森林生态系统中的碳储量和碳汇价值的研究日益增多，主要从自然科学角度基于生物量测算森林生态系统碳储量和碳平衡问题(刘国华等，2000；方精云和陈安平，2001；王效科和冯宗炜，2000)；也有学者采用修正的包含碳收益在内的森林经营主体复合经营决策模型从经济学和碳汇交易视角讨论碳汇供给能力问题(van Kooten et al.，1995；Stainback and Alavalapati，2002; 朱臻等，2012，2013；沈月琴等，2013；Adetoye et al.，2018)。

从研究方法和指标来看，由于森林生态系统环境服务的交易市场尚未建立，因此缺乏市场价格，又或者缺乏合适的可与其生态价值和生产成本相比较的价格数量表示，因此目前森林生态经济效益评估方法主要分为两类，包括替代市场技术类和模拟市场技术类两种评估方法。在替代市场技术评估方面，通过在市场上寻找与其等效能的替代物，利用替代物的市场信息来评估森林的生态价值，把森林的生态效益指标计量列为涵养水源效益和水土保持效益(唐慧中等，2008)、固碳制氧效益(任志远和李晶，2003)、净化环境质量效益(任志远和李晶，2003；秦中云等，2006)、调节区域小气候效益和生物多样性保护效益(施晓清等，2001；王昌海等，2011)并加总。在模拟市场技术评估方面，国外学者开展了大量采用条件价值评估法(contingent valuation method，CVM)、支付意愿法(willingness-to-pay，WTP)等方法评价生态系统服务价值的研究(Daily，1997；Hjerpe et al.，2015)。但此类替代市场或者模拟市场技术方法主要基于宏观层面或一定区域范围内森林资源总体生态效益的评估，难以测度微观经营主体和具体树种营林中产生的生态效益。

有学者采用具体的生物学指标来反映森林生态系统价值，其可以估测不同区域尺度的生态效益价值，用来分析微观经营主体的营林效益较为合适。其中使用最多的是森林生物量指标，该指标是森林生态系统最基本的数量特征，大量的研究已经证明森林生物量是反映森林生态系统价值的主要关键指标。国内外学者对森林生物量的现有研究可分为个体研究和区域研究两大类。国外学者针对个体生物量测算的研究主要基于林木个体或集群研究，主要手段是地面实测(木村允，1981)；在我国，个体生物量研究开始于 20 世纪 70 年代(俞新妥等，1979；潘维俦等，1981；冯宗炜等，1982)，大多以建立森林生物量模型为目标，研究森林生物量和生产力相关因子之间的关系(李意德，1993；刘其霞等，2005；王震和张晓丽，2006)。区域层面的生物量研究是对以省、流域或国家为单位的区域森林生物量进行估计，主要采用基于森林资源清查数据的估计方法(Brown and Schroeder，1999)和基于遥感信息技术的估计方法(郭志华等，2002)。基于森林资源清查数据的方法主要是采用平均生物量法、平均换算因子法及换算因子连续函数法对不同树种区域尺度生物量进行估测(Schroeder et al.，1997；冯宗炜等，1999；王玉辉等，2001；黄玫等，2006)，其中对杉木生物量的估测模型已较为成熟(方精云和徐嵩龄，1996；方精云等，2002)。

随着气候变化在世界各国日益受到关注，生态系统服务市场化如森林碳汇交易成为缓解气候变化的重要途径，而被众多学者关注。为了将生态价值货币化以便于为森林生态价值补偿和生态系统服务市场化提供科学依据，很多学者在此基础上采用生物量换算碳汇价值来衡量，其包括利用平均温室气体市场价格从国家层面测算森林生态系统的碳汇价值(余新晓等，2005；张颖等，2013)，区域层面的碳汇价值估算(李洁静等，2009；匡耀求等，2010；朱臻等，2013)，以及从不同生态系统类型进行碳汇价值估算(刘晓辉和吕宪国，2008；刘兴元等，2011)。

从现有研究来看，目前对于生态价值的评估主要评价的是总体价值，并不被大多数经济学家认可，该研究忽视了边际价值，因此在现有资源还较为丰富的时代，缺乏相应的经济学和政策含义。同时，大量的研究主要基于宏观层面或一定区域范围内对森林资源总体生态效益的评估，缺乏对微观经营主体营林中产生的生态效益的测度。

2.2.3 非农就业对林农农林业生产决策行为和经营效益影响的相关研究

2.2.3.1 基于 NELM 理论的非农就业的劳动力流失效应与收入效应相关研究

从之前的 NELM 理论出发，劳动力向非农化转移会带来双重影响：一是导致家庭农林业劳动力的流失效应，二是带来以汇款为形式的潜在收入效应的增加。但在两方面共同作用之下，其综合效应最终会对农林业经营效益和林农生产决策行为产生什么影响，目前国内外学者对此进行了大量研究，所得出的结论有明显区别。

首先从劳动力流失效应角度分析，有学者认为劳动力转移到非农产业对农业生产不构成影响，是农业就业不充分所带来的自然结果(Lewis，1954；Olfert，1992)。很多国内外学者采用刘易斯二元经济结构理论讨论了农村转移劳动力在农村经济发展中的作用。Ranis 和 Fei(1961)重点讨论了刘易斯拐点在决定劳动力转移对农业产出影响中的重要作用。针对中国一方面存在大量剩余劳动力，另一方面企业又出现“用工荒”这种“剩余与短缺并存”的现象，很多中国学者从劳动力流失效应角度讨论了劳动力转移对于农业和社会经济发展的影响，基于此讨论了中国的“刘易斯拐点”(蔡昉，2010；汪进和钟笑寒，2011；朱晶等，2011；周燕和佟家栋，2012)。学者的研究一般认为劳动力转移的流失效应会对农业生产产生负面影响。主要支持的论点包括，家庭劳动力流失效应会促使农户采用节约劳动力策略，同时使得传统农村劳动力互助活动减少，造成农业生产粗放化经营及抛弃土地的可能(Zimmerer，1993；Rudel et al.，2005)。在林业经济领域，针对劳动力流失效应对林业产出的影响，大量学者研究同样表明劳动力的外移对林业的投入产出有负向影响(王洪玉和翟印礼，2009；张英和宋维明，2012；薛彩霞等，2013)。

从收入效应角度分析，农村家庭劳动力转移到非农产业就业，虽然减少了家庭劳动力在农林业生产中的供给，但同时也使得家庭收入预算更为宽松，因此学者对劳动力转移收入效应所带来的影响研究没有得出一致的结论(Reardon et al.，2000；Anríquez and Daidone，2010)。很多国外研究表明，尤其是在信贷和保险市场尚不完善的发展中国家，非农就业收入可以使得农户家庭的现金流动约束减少，减少了由信贷和保险缺失所带来的经济和自然灾害风险，为农业投资增加了便利(Stark and Bloom，1985；Ellis，2000a；Oseni and Winters，2009)。但也有学者认为非农转移就业带来的收入增加帮助农户寻找到了新的替代生计，导致传统农业活动减少(Ellis，2000b)。在林业经济领域，有学者结合集体林权改革背景分析了非农收入对林地经营的影响，发现非农收入的增加只会促使林地转出行为增加(冉陆荣和吕杰，2011；Xie et al.，2014；张寒等，2018)，但也有学者认为，林业区别于农业，由于森林具有自行增值的作用，农户对于山林资源变现的需求降低，反而促进了森林的保护并抑制了林地的转出行为(谢屹，2009)。

在考虑劳动力流失效应与收入效应的综合效应方面，国内外实证得出不同观点。一方面，有学者认为收入效应可能会超过劳动力流失效应，对农业生产造成有利影响(Dustmann and Kirchkamp，2002；Black et al.，2003；Taylor et al.，2003；McCarthy et al.，2006)；另一方面，有学者认为收入效应也可能无法抵消劳动力流失效应，给农业生产带来消极影响(Rozelle et al.，1999；Feng，2008；钱文荣和郑黎义，2010)；还有学者认为二者相互关系处于变化状态，不稳定(Mendola，2008)。因此，非农就业对农业产生的影响是多维度的，但在这方面林业经济领域的研究较为缺乏。

2.2.3.2 非农就业对农林业生产行为的影响机制相关研究

(1)非农就业对农林地利用决策行为相关研究

非农就业会带来劳动力机会成本提升，农林业比较效益下降。在就业机会充裕的情况下，农户出于理性，从比较收益角度会消极对待农林业生产，最典型的是对农林地流转产生影响。这部分研究主要集中在农业经济领域，大量学者分析认为农民非农就业尤其是非农就业时间的增多促进了农地流转(姚洋，1999；Yao，2000；Kung，2002；廖洪乐，2012)。从社会分工视角出发，有学者认为非农就业带来的农户兼业化可以提升农业生产的专业化水平，但由此也会降低土地产出率和土地利用率(黄大学，2006)。但也有学者从现实数据出发发现，尽管改革开放以来中国农民非农就业率不断提高，但农地流转并没有得到相应的发展(叶剑平等，2006)。有学者认为其主要原因在于农户是否流转土地的决策除受非农就业影响外，还受到家庭初始土地资源配置数量、家庭劳动者劳动能力等一系列因素影响(钱忠好，2008)。国外大量学者认为，非农就业是农林地流转决策的重要影响因素，尤其是当替代生计产生的边际收益高于农林业的边际收益时，会对林地转出产生重要影响(Huang et al.，2012；Deininger and Jin，2005；Chen et al.，2014；Xie et al.，2016；Zhang et al.，2017)。

除了非农就业因素外，已有众多学者从其他视角讨论农林地流转行为及意愿的影响因素。例如，外部政策因素如采伐限额制度和农村社会保障制度健全程度(陈珂等，2009；谢屹，2008；许恒周等，2011；赵光和李放，2012)；土地基础条件(冉陆荣和吕杰，2011)；市场信息对称和交易成本因素(周新玲，2005；徐秀英等，2010)；家庭特征(徐林青等，2015)等。

(2)非农就业对农林业生产性投资和要素配置的影响

国内外学者在非农就业对农林业生产性投资和要素配置的影响方面，存在不同观点。一部分学者认为，非农就业所带来的收入效应增加会促使农户追加农林业生产投资，如购买替代缺失劳动力的机械服务(Mochebelele and Winter-Nelson，2000；钱文荣和郑黎义，2010；纪月清等，2013)。但也有一部分学者认为，农业劳动力外出务工对家庭农业生产性投资没有促进作用，甚至产生了消极影响。国外学者研究发现，农户获得非农就业收入后，并不倾向于投入农业再生产，而更倾向于购买消费品或是进行固定资产、教育等方面的投资(Quisumbing and McNiven，2010；Brauw and Rozelle，2008；Adam and Alfredo，2010)。国内学者同样认为非农产业所带来的报酬增加，使得农户对于农业生产投资更失去兴趣，存在负向影响(刘承芳和樊胜根，2002；刘荣茂和马林靖，2006)。

在林业经济领域，国外文献一般认为，非农就业导致林业生产性投资减少(Xie et al.，2014；Chen et al.，2014)。国内研究方面，廖文梅等(2015)基于江西省1178户农户数据发现劳动力转移程度对农户林地投入产出水平存在显著的负向影响，徐婷婷和李桦(2016)也发现非农就业的地理距离越远，对家庭林业投入产生的负向作用越大。更多的学者结合集体林权改革背景，讨论了林权改革相关配套政策实施中如林业补贴、林权抵押贷款等转移性支付可以带来的收入约束性放松对农户林业生产的影响(谭荣和曲福田，2005；陈珂等，2009)。更多的林业经济学者主要是讨论了林业生态工程及相关政策与非农就业和农户生计之间的关系，如退耕还林政策对农户生计的影响(易福金等，2006；李卫忠等，2007)。徐秀英等(2013)分林种研究认为，林地流入对经济林地块投入具有显著的正向影响。

在对农林业生产要素配置影响方面，非农就业的出现，使农户为了利润最大化，重新调整投入与产出组合，这必将导致农业生产结构发生改变，如有外出务工农户家庭的农业生产会从粮食生产等劳动密集型行业转向畜禽养殖等资本密集型生产(Taylor and Yunez，2000；McCarthy et al.，2006)。在林业经济领域，有学者研究了非农就业对不同森林分类经营模式的影响，吴伟光等(2008)认为，农户非农就业增多，可以有效降低农户生计对林业资源的依赖程度，对可持续发展生态公益林有促进作用。也有学者讨论了非农就业对不同营林投入结构的影响，一般认为非农就业对营林劳动力投入有负向影响(Vicente and Pérez，2010；Xie et al.，2013；Dinh et al.，2017)。

(3)非农就业对营林周期决策影响的相关研究

营林的投资收益周期较长，林农的非农就业带来的收入和劳动力结构配置变化，会导致林农对轮伐期的决策发生变化。最早对营林周期决策行为的讨论来自于对最优轮伐期的探讨。国内外的研究者建立了各种确定最优轮伐期的方法，包括如何确定工艺成熟、数量成熟(即永续木材收获最大化下的轮伐期)、经济成熟(即土地期望值最大化下的轮伐期)等不同目标下的最优轮伐期，并认为最优轮伐期会受到收入、成本、外部市场利率和产品价格的影响，但大多都基于理论上的探讨(Faustmann，1849；Zhang and Pearse，2011)。从实证研究来看，国外学者认为非农收入来源的增多会导致农户的时间机会成本增加，从而导致采伐的减少(Angelsen and Kaimowitz，1999；Ellis，2000b)，但讨论非农就业与轮伐期关系的研究较少。

2.2.3.3 非农就业对农林业产出效益影响的相关研究

现有文献一般从案例作物的单位产出或生产效率来衡量非农就业对农林业产出的影响，但学者得出的结论存在明显差异。

有的研究认为非农就业对农林业的产出有负向的影响(钱龙和洪名勇，2016)。钱文荣和郑黎义(2010)认为非农的收入效应虽然增加了水稻生产中的农资投入，但因为劳动力的流失效应带来了对水稻生产管理的忽视，直接导致水稻单产的下降；Rozelle 等(1999)认为非农收入带来的农资投入的增加并不能完全弥补劳动力投入减少引起的损失，从而导致中国农户玉米单产下降；秦立建等(2011)研究发现非农就业减少了农户的农业生产投工量，降低了粮食生产效率，从而减少了粮食产量；廖文梅等(2015)基于江西省农户的微观数据研究发现，农户的本地和异地非农就业均对林业生产效率有显著的负向影响，但两者之间存在差异，异地非农就业的城市化融入水平低、非农收入的不稳定等因素，使外出务工的农民珍惜林地的保障功能，因此本地非农就业的负向影响程度高于异地非农就业的负向影响。

有些研究认为非农就业使农林业的专业化程度有所提升，且对产出有正向的影响(梁义成等，2011；黄祖辉等，2014；Wang et al.，2017)。Ellis(2003)利用乌干达、肯尼亚、坦桑尼亚和马拉维 4 个非洲国家的数据进行分析研究，发现随着农户非农收入增加，其土地生产率也会相应提高。蔡慧(2016)基于“空心村”角度分析了农户的生产效率，发现农村劳动力向非农行业转移后，将导致劳动力缺失，从而促进机械替代劳动力，提高农业生产效率，此外，非农就业还会促进农业的规模生产，进一步提高农业生产效率。有学者认为非农就业不在家会增加农业生产环节外包的概率(陆岐楠等，2017)；丁毅和徐秀英(2016)通过对农户竹林生产效率进行测度，发现劳均非农就业时间、非农就业的类型对竹林生产效率有显著正向影响。此外还有学者从地区总产出角度分析，发现非农就业能够促使我国林业产业总产值不断提高，而且这个影响效应越来越大(臧良震等，2014)。

也有研究发现非农就业对农林业的产出并没有显著的影响(马忠东等，2004；Feng et al.，2010；陈素琼和张广胜，2012)，此外，Wu和Meng(1996)的研究结果发现，只要具有丰富农业生产经验的劳动力没有非农就业，就不会影响粮食生产。

此外，有学者认为非农就业对农林业产出的影响需要根据不同的情况来分析。例如，不同类型的农户非农就业对其农业产出的影响不同，李德洗(2012)区分了不同规模农户非农就业对产出的影响，发现小规模户的非农就业会导致粮食单产的下降，然而大规模户的非农就业对粮食的单产是有促进作用的；非农就业的距离对农户的产出也有不同的影响，短距离非农就业会提高农户农业技术效率，而长距离非农就业则相反(Wouterse and Taylor，2008)。Wang等(2011)的研究认为非农收入对农户土地生产率的影响并不是单方向的，而是呈“U”形。这方面的结论对于本研究的开展具有更为重要的指导意义。

2.2.4 雇工劳动对农林业生产影响的相关研究

2.2.4.1 一般劳动力劳动质量的测度研究

从20世纪70年代开始，很多学者开始从劳动经济学出发，对劳动质量与投入进行了大量研究。例如，Chinloy(1980)利用劳动者年龄、性别、职业、受教育程度等个体就业特征构建了劳动投入指数，将劳动投入增长分解为劳动质量与工作时间的变化；Schwerdt和Turunen(2007)、Koji和Tomomichi(2012)也采用此方法分别分析了德国与新加坡的劳动质量状况。

从国内来看，由于数据获得较为困难，国内有关劳动力质量的研究较少。李京文等(1993)利用中国1981～1987年非农产业劳动力投入变化数据进行研究，得出中国非农劳动总体质量增长为负的结论；岳希明和任若恩(2008)通过编制劳动投入指数，测算了中国劳动质量改善与劳动投入增长程度；王立军等(2015)从劳动者受教育程度、劳动熟练程度、劳动强度和经济活动人口数量4个维度构建计量模型来测度中国的劳动质量。

2.2.4.2 农业雇工背景、现状和特征的相关研究

在讨论农业雇工背景时，很多学者将研究的重点集中在中国近现代农业发展阶段，从社会学、经济学等领域着手，运用统计分析等方法对农业雇佣制的发展史、农业雇佣双方的劳动关系等问题进行了广泛的分析。一类研究

从马克思主义政治经济学出发，强调生产力与生产关系的辩证关系，着重研究农地所有权在合约关系中的决定性作用(杜润生，1996；赵入坤，2007)，另一类研究从古典庸俗政治经济学、新古典经济学出发，强调制度外生性，重点讨论在已有产权制度安排下可能出现的劳动力雇佣的契约选择(黄宗智，1988)；更多的学者从发展经济学角度讨论农业劳动力的结构性短缺导致的雇工问题(崔传斌和王开盛，2008；蔡昉，2010；孙凯等，2016)。

随着我国市场经济的发展完善和农地流转机制不断完善，大量学者开始讨论中国农业雇佣生产的现实和现状问题(查金祥等，2001；王颜齐和郭翔宇，2011；陈昭玖和胡雯，2016；朱文珏和罗必良，2016；王颜齐等，2017)，并总结了中国现阶段农业雇工的特征，包括雇佣关系的临时性(石晓平等，2004；鲁先凤，2008)，雇佣行为的自发性(石弘华和杨英，2005)，以及农业雇工合约的随意性(廖雅珍和廖添土，2013)。

2.2.4.3 农业雇工对农业生产的影响相关研究

大量学者结合发展中国家农业生产经营中出现的规模化背景，集中讨论了雇工劳动质量对农业生产的影响。国外学者基于大量发展中国家实证调查数据讨论了农业雇工中委托代理关系所带来的道德风险对农业生产的影响(Otsuka et al.，1992；Binswanger et al.，1995；Laffont and Matoussi，1995；Pandey，2004；Arcand et al.，2007)。更为细致的研究中，学者从不同雇工环节视角出发，讨论了印度农业雇工对粮食生产的影响，发现在播种环节雇佣劳动力质量问题会导致粮食作物产量减少近一半(Remesan et al.，2007)。在我国，雇工劳动质量对农业生产影响的研究近年才开始兴起。有学者认为，目前农业雇工劳动者一般都是当地农民，自身素质较低(李毅兵和张俊霞，2011)，而相比小农式精耕细作，农业雇工的粗放式管理更导致生产效率的下降(尚旭东和朱守银，2015；潘璐和周雪，2016)。

2.2.4.4 农业雇佣生产中监督激励机制的设计研究

有雇工问题必然会产生如何监督激励问题。大量的学者从理论上讨论了农业监督激励难题和存在的困境，主要的观点是雇工愈多，监督成本愈大，“道德风险”的发生概率愈高，从而导致单产愈低，劳动成本愈高(孙新华，2013)。国内外有学者在实证研究中讨论了雇工及其引发的“道德风险”问题带来的监督成本问题，形成了两类观点。一部分学者认为雇工会增加额外的劳动监督成本，如果家庭农业经营中存在雇工行为，大约 10%的家庭劳动力时间会花费在对雇工的监督上，这会对劳动力在其他用途上的配置产生挤出效应(Hanan and Mansuri，2009；Bharadwaj，2015)。另一部分学者认为农业生产的工业化和专业化导致了农业生产的同质化，而农业劳动的同质化导致了农业劳动监督成本的降低，最终会推动农业产业化组织从单一经营主体向经营综合体的演进(张清津和王新志，2016)。

在农业雇佣生产中监督和激励机制设计方面，针对监督激励机制设立需要考虑的影响因素，有研究表明，雇工成员在标准化推广监督任务上的努力水平受其风险偏好、风险规避程度、标准化推广监督任务风险程度与绩效系数、地方政府的激励系数等因素的影响(李志方和陈通，2015)。在激励机制设计方面，国内学者如王颜齐和郭翔宇(2011)基于多任务委托-代理思想，建立了“固定工资+过程监督”“计件工资+事后客观评估”“固定工资+收益分成+事后主(客)观评估”三种合约模型，并分析了三种合约模型的绩效。而国外学者更多的是讨论合理的绩效工资设计以解决监督激励问题(Rebitzer，1995；Grund and Nielsen，2008)。

从现有的研究来看，由于农林业是经济再生产和自然生命再生产密切结合的产业，此特点决定了农林业生产过程无法像工业生产过程那样进行精确的计量和监督。因此雇工劳动质量数据较难获取，大样本实证研究较少，且针对林业规模化经营中出现的雇工劳动质量问题的研究明显缺乏。

2.2.5 研究述评

结合以上相关文献总结，可以发现以下几点。

现有的农林规模化经营相关研究主要集中于农业规模化经营研究，林业规模化经营研究相对缺乏。在农业经济领域，针对规模化经营必要性的理论探讨、基于实证调查数据进行不同规模经营的经济效益与生产效率比较，以及在此基础上对最优经营规模区间的判断等方面研究较为全面且方法较成熟。而在林业经济领域，林业规模化经营仍处于起步阶段，针对林业规模化经营仅有部分学者评价了其经营效率问题，但缺乏问题导向，没有把规模化经营的效益评价与我国林业规模化经营政策导向的科学性结合起来，在南方集体林权主体改革基本完成、林权配套化改革日益被关注的背景下，针对林业规模化经营的现有研究明显不足，无法有效为促进林地流转、开展规模化经营提供一个明确的理论指引和依据。

相对于其他产品，林业最大的特点来自于效益的多元化。但从林业经营效益评价来看，现有的相关文献主要单纯地孤立研究林业经营中的私人经济效益和社会生态效益评价。在经济效益评价方面，经历了从早期18世纪初主要集中于对于木材产出的最优化问题和林地价值评估的探讨，到目前从宏观和微观不同视角，采用投入产出表、实证调查数据构建不同计量模型分析不同林种的投入产出情况的转变，更多学者从发展经济学角度出发，关注了林业改革、制度变迁与政策演进带来的农户生计结构变化。在林业生态效益评价方面，目前对于生态价值的评估主要评价的是总体价值，并不被大多数经济学家认可，该研究忽视了边际价值，因此在现有资源还较为丰富的时代，缺乏相应的经济学和政策含义。同时，大量的研究主要基于宏观层面或一定区域范围内森林资源总体生态效益的评估，缺乏测度微观经营主体营林生态效益的研究。由此可见，将营林规模与微观经营主体的营林效益结合，分析不同规模林农营林效益差异的研究，国内外均较为缺乏。

进一步从非农就业和雇工劳动两个视角来分析其对不同规模林农营林效益和决策行为影响的异质性，视角新颖，具有一定现实意义，且国内外现有研究文献较为缺乏。非农就业比例增加和务林劳动力的短缺问题是城市化进程加速后，目前山区农村面临的一个普遍现象和问题。结合劳动力转移新经济学，从劳动力流失效应和收入效应出发讨论农户非农就业的影响主要集中在农业经济领域。从林业来看，以非农就业角度出发，现有的研究主要集中于其对于经营主体林业生产决策的影响，以及相关生态工程和政策对农户就业的影响，但是以此出发分析其对不同规模农户私人经济效益和社会生态效益的影响，现有研究讨论明显缺乏。另外，雇工劳动质量是以劳动密集型为特点的林业规模化经营所表现出来的突出问题。以雇工劳动为切入点研究规模化经营问题，目前主要集中于农业领域，且大样本的实证研究明显缺少，以案例研究居多，而针对林业经营领域的劳动质量问题的研究更显稀缺。

本研究基于非农就业、雇工劳动这两个视角开展研究，一方面判断其对不同规模林农营林效益(包括私人经济效益和社会生态效益)影响的异质性；另一方面基于非农就业这一现实背景讨论其对于不同规模林农营林行为及决策影响的异质性，继而分析造成不同规模林农营林效益差异的原因，可以科学、有效地判断林业规模化经营的优劣势，反映林业规模化经营政策导向的合理性，将有效弥补现有研究的不足。

3　分析框架、研究假说与计量经济模型的设定

本章系统介绍本研究的分析框架和研究方案，具体分为三个部分。首先，依据已有理论与文献基础，针对研究需要回答的科学问题、相关变量及其内在理论逻辑关系，构建本研究的分析框架；其次，以劳动力转移新经济学和委托代理理论为基础，构建非农就业、雇工劳动对林农营林效益影响的理论模型，剖析非农就业、雇工劳动对不同规模林农营林效益的影响及其背后的原因，并根据理论模型分析，提出可检验的研究假说；最后，介绍用于假说检验的计量经济模型、指标选择和研究所用数据。

3.1　分析框架

劳动力转移新经济学理论和传统契约理论中的委托代理理论及由此产生的道德风险模型为本书研究构建分析框架提供了理论基础(图 3-1)。

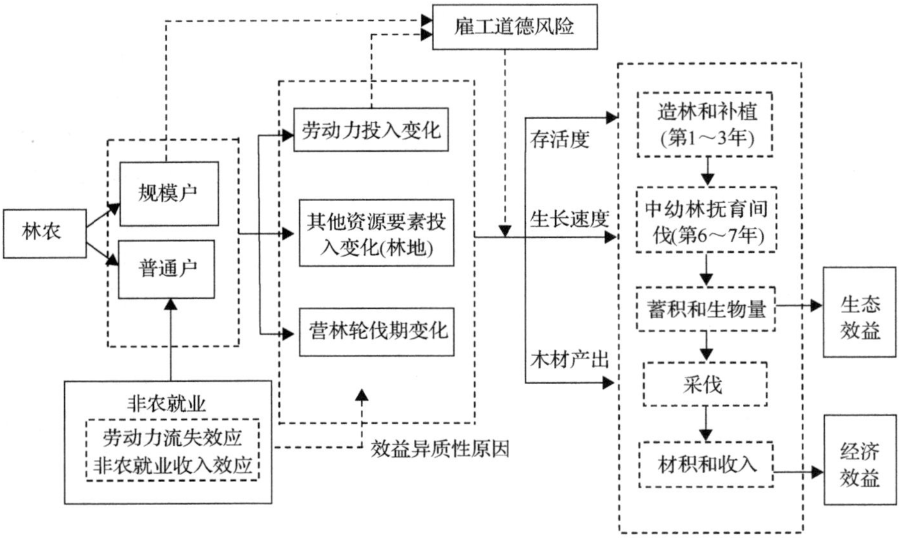

图 3-1　分析框架

城市化进程的加速带来农村劳动力转移就业数量的增多，非农就业机会

比例增加产生了农村劳动力的流失效应，导致山区农村务林劳动力供给的短缺，会制约林农在林业上的劳动力配置。在机械对劳动替代率低的背景下，非农就业会对不同规模林农营林的私人经济效益和社会生态效益产生影响，且具有异质性特点。

该异质性表现为：对于普通户而言，由于非农就业带来的劳动力流失效应会导致营林劳动力供给的稀缺，也带来营林劳动力成本的增加，从而减少林农的抚育间伐投工、采伐和造林等各环节的投入，这会影响营林的私人经济效益，但是在对森林质量产生不利影响(由抚育间伐减少带来的)的同时，又可能会造成营林轮伐期的不确定变化，从而对营林的社会生态效益产生影响。另外普通户通过非农就业获得的非农收入可以转移投入到营林中，原本普通户劳动力稀缺的问题可以通过雇工或者通过其他生产资料要素投入增加(如化肥)替代劳动力来解决，由此带来了非农就业的收入效应。但如同其他学者所发现的(刘承芳和樊胜根，2002；刘荣茂和马林靖，2006；Quisumbing，2007；Brauw and Rozelle，2008；Adam and Alfredo，2010)，非农就业带来的收入效应是否能真正转移到投资报酬率明显低于社会一般行业的林业，而不是转移到如非农产业、社会金融、消费和人力资本投资等其他领域，需要进一步具体讨论，因此非农就业是否会给普通户营林带来收入效应也存在不确定性。

另外，对于规模户而言，非农就业所带来的劳动力流失效应可以通过大量雇工来解决自身劳动力稀缺的问题，而由于规模户资源要素禀赋较为雄厚，且由于营林面积存在规模经济的可能，因此会将非农就业收入转移到营林生产中。虽然规模户与雇工形成了雇佣的契约关系，但林业规模户(委托人)与雇工(代理人)之间的目标效用不同(林业规模户希望攫取营林利润最大化，而雇工希望工资收益最大化)，因此通常存在委托人与代理人间的利益冲突(Ross，1973；张维迎，2004；因内思·马可-斯达德勒和 J.大卫·佩雷斯-卡斯特里罗，2004)。委托代理关系的性质及林业经营的野外与粗放的特点决定并放大了雇工和规模户之间的信息不对称(且这种信息不对称出现在签订合同之后)，导致规模户难以监督管理。由此，“道德风险”的存在导致了雇工的劳动质量问题，其直接影响到那些难以观测和监督的营林主要环节(如种植、抚育间伐和采伐)，在这些环节中由于非农就业所带来的劳动雇工中存在的“道德风险”问题直接影响到林木的存活率、生长速度。由此可见，对于规模户而言，非农就业带来的劳动力流失效应一方面促使其雇工，另一方面又会引发“道德风险”问题，因此对森林经营的社会生态效益和私人经济效益产生的影响是不确定的。而从非农就业的收入效应出发，由于规模户对营林的重视，是否会从非农就业所带来的收入中更多地投资于林业，也需要实证进行检验。

综上所述，劳动力的流失效应和收入效应会对不同规模林农营林的私人经济效益和社会生态效益产生影响，而且作用方向复杂，需要通过综合两方面效应才能清晰获得非农就业对于不同规模林农营林的私人经济效益和社会生态效益的作用方向。

3.2 研究假说

3.2.1 基于非农就业视角的相关研究假说

基于上述分析，本部分通过构建林农生产经营决策模型来分析雇工劳动和非农就业对不同规模林农营林效益和生产决策行为的影响机制与程度，并提出可检验的研究假说。

假设林农家庭劳动力面临营林劳动和非农就业两类就业选择，即林农需要将其劳动力和其他要素投入配置到非农就业和营林活动两类活动中，谋求营林收益和非农就业收入之和最大化，即林农的决策目标函数为

$$\max(\pi) = \pi_1 + \pi_2 \tag{3-1}$$

式中，π 代表林农的家庭经营决策目标利润；π_1 代表林农的营林经济利润；π_2 代表林农的非农就业利润。

需要注意的是，对于普通户和规模户而言，由于两类群体的家庭资源禀赋要素、收入流动性约束、营林规模和技术手段的区别，将家庭资源禀赋要素投入到非农就业和营林活动两类活动中时，他们的选择会存在差异，继而导致其对不同就业选择下的利润 π_1 和 π_2 依赖性存在差异。具体而言，规模户的家庭资源禀赋要素较为充足，收入流动性约束较小，且随着营林规模增加和技术管理手段的专业化，导致其营林活动的劳动边际产出较高，劳动力资源会倾向于配置到林业中，重视营林收益 π_1；而普通户由于家庭资源禀赋要素较为稀缺，收入流动性约束较大，且营林规模小，导致其非农就业上的劳动力边际产出高于营林活动的劳动力边际产出，因此其劳动力资源倾向于配置到非农就业中，重视非农就业收益 π_2。由此带来了规模户与普通户在营林效益和投入行为上的异质性。

由于营林的效益包括经济产出和生态产出，而且这两种产出都与轮伐期有密切关系，因此笔者结合林业经济理论中的经典模型 Faustmann 公式，将林农营林劳动力投入结构和非农就业收入考虑进来后修正原来的 Faustmann 公式，同时将未来收益贴现到目前现值，从而进一步讨论非农就业、雇工劳动对林农营林效益影响的作用机制，并提出研究假说。在面对营林和非农就业两种生计途径下，林农的家庭经营收益目标函数可以进一步表示为

$$\max(\pi)=\pi_1+\pi_2=\max\{PK^{\alpha}[(1-n)L]^{\beta}S^{\gamma}-[\lambda K+w_1(1-n)L+\varphi S]e^{rt}+w_2nLe^{rt}\}(e^{rt}-1)^{-1} \tag{3-2}$$

式中，P 代表木材价格；K、L、S 分别代表营林资本、家庭总劳动力投入（由于本书主要结合 NELM 理论讨论林农非农就业所产生的劳动力流失效应和收入效应，因此这里用劳动投入表示）和林地要素投入；对劳动力的使用假设包括两个方面，即林农家庭的林业劳动力投入 $(1-n)L$ 与非农劳动力投入 nL，其中 n 代表林农家庭非农就业劳动力投入占总劳动力投入的比例；λ、φ、w_1、w_2 分别代表资本单位投入费用、单位面积土地租金、务林工资报酬与非农就业工资报酬；r、t 分别代表贴现率和轮伐期；α、β 和 γ 分别代表资本、劳动力和林地的产出弹性；e^{rt} 代表轮伐期 t 以 r 为贴现率的贴现计算。

林农营林的单位面积经济性产出和生态性产出可以用营林生产函数和与林业产出相关的一个函数分别表示：

$$Q=K^{\alpha}((1-n)L)^{\beta} \tag{3-3}$$

$$V_e=cf(Qv) \tag{3-4}$$

$$\text{s.t.}\ w_1(1-n)L+\lambda K+\varphi S\leqslant PQ+w_2nLe^{rt}$$

$$\alpha,\beta>0,\quad 0\leqslant n\leqslant 1 \tag{3-5}$$

式(3-3)和式(3-4)分别代表农户营林经济性产出和生态性产出的生产函数。Q 代表材积，反映森林的单位面积经济产出；V_e 代表营林单位面积产生的生态效益，现有大量研究表明，单一营林树种的生态效益的产出，如碳汇价值，可以通过生物量乘以含碳率 c 换算得到(Kurz and Apps，1993；Fang et al.，1998；陈美球和蔡海生，2015)，生物量又可以通过蓄积量换算得到，笔者用 $f(Qv)$ 来表示，其中 v 表示蓄积与材积的转化率。式(3-5)代表约束条件，即林农所面临的收入约束，林农在营林中所有要素投入不能大于林农来自于林业和非农就业的收入总和。

对 π 求 n 的一阶导数可以得到：

$$\frac{\partial \pi}{\partial n}=\beta(1-n)^{\beta-1}PK^{\alpha}L^{\beta}S^{\gamma}(-1)+Lw_1e^{rt}+w_2Le^{rt}=0 \tag{3-6}$$

进一步转化可得

$$\beta(1-n)^{\beta-1}PK^{\alpha}L^{\beta}S^{\gamma}=L(w_2+w_1)e^{rt} \tag{3-7}$$

$$\beta(L(1-n))^{\beta-1}PK^{\alpha}S^{\gamma}=(w_1+w_2)e^{rt} \tag{3-8}$$

在其他条件不变情况下，可得：$\frac{\partial Q}{\partial n}<0$，$\frac{\partial K}{\partial n}<0$，$\frac{\partial t}{\partial n}>0$。

对于普通户而言，在家庭资源禀赋要素较为稀缺、收入流动性约束较大的背景下，由于家庭劳动力向非农就业转移，导致营林劳动力的流失和供给稀缺，而林农会通过缩短轮伐期来弥补营林周期中劳动力等资源要素投入的不足，资源要素投入的不足又会直接导致单位面积产出的减少。而对于规模户而言，由于规模户的家庭资源禀赋要素较为充足，收入流动性约束较小，且存在营林规模经济等原因，规模户愿意将非农就业增加所带来的收入投资于营林上(如增加种植密度)，并适当延长轮伐期，且管理手段更为先进和专业，因此可以促使营林单位面积产出的增加。由上述分析可以得到研究假说 1。

假说 1：在家庭劳动力一定情况下，非农就业增加会对普通户营林单位面积产出有负向影响，而对规模户营林单位面积产出有正向影响。

从研究假说 1 可以进一步分析，在外部木材产品市场价格不变情况下，普通户非农就业增加所带来的营林劳动力流失效应导致营林单位面积产出的减少，必然带来普通户营林收入的减少，而营林面积细碎化会引起普通户单位面积营林成本上升，因此会带来单位面积营林利润的下降；而规模户非农就业增加所带来的收入效应会导致营林单位面积产出的增加，在外部木材产品市场价格不变情况下，会带来规模户营林收入的增加，又由于林地面积增加带来的规模效应会导致营林成本的下降，因此会带来单位面积营林利润的增加。由上述分析可以得到研究假说 2。

假说 2：在外部市场产品价格不变、劳动力一定情况下，非农就业增加会对普通户单位面积营林利润有负向影响，而对规模户单位面积营林利润有正向影响。

随着世界各国对气候变化的日益重视和国际碳市场的兴起，森林碳汇价值及生物量测算多被用于分析微观经营主体的营林效益，是森林生态系统最基本的数量特征(方精云和徐嵩龄，1996；Brown and Schroeder，1999；王绍强等，2001；王效科和冯宗炜，2000；马炜和孙玉军，2009)。由于营林碳汇价值是一个直接与营林树种蓄积相关的函数[式(3-4)]，相关研究表明营林碳汇价值可以通过蓄积转化因子直接测算生物量后转化得到，且营林树种的蓄积与营林碳汇价值一般呈正相关关系(Kurz and Apps，1993；Fang et al.，1998；方精云和徐嵩龄，1996)，因此就单一树种经营而言，从非农就业增加所带来的劳动力流失效应会导致普通户单位面积产出的减少，从而带来单位面积碳汇价值和生态效益的下降；而规模户非农就业带来的收入效应导致其单位面积产出的增多，从而带来单位面积碳汇价值和生态效益的增加。由此可以得到研究假说 3。

假说 3：在外部市场产品价格不变、劳动力一定情况下，非农就业增加会对普通户单位面积营林生态效益有负向影响，而对规模户单位面积营林生态效益有正向影响。

3.2.2 基于雇工劳动视角的相关研究假说

首先，基于委托代理理论中的道德风险模型，分析雇工劳动对林农营林效益的作用机制。

存在雇工行为情况下，林农的雇工劳动力投入可以用 $L_h(s)$ 表示，则在 3.2.1 部分林农的营林利润函数中的林业劳动力投入 $(1-n)L$ 可用 $\left[\left(\frac{1-h}{h}\right)L_h(s)\right]$ 表示。其中 $L_h(s)$ 代表林农的雇工投入，是一个与营林面积相关的函数，且在雇工劳动力数量具有一定约束的情况下，营林面积的增加会导致单位面积雇工数量的增加 $\frac{\partial L_h(s)}{\partial s}>0$；而 h 代表林农营林劳动力中的雇工比例($0\leqslant h\leqslant 1$)。

因此式(3-1)农户的目标收益函数可以分解为

$$\begin{aligned}\max(\pi)=\pi_1+\pi_2=\max\Bigg\{&PK^{\alpha}\left[\left(\frac{1-h}{h}L_h(s)\right)^{\beta_1}+(L_h(s))^{\beta_2}\right]S^{\gamma}\\&-\left[\lambda K+w_1\left(\frac{1-h}{h}L_h(s)+L_h(s)\right)+\varphi S+\theta L_F(s)\right]e^{rt}\\&+w_2\left[\left(\frac{1-h}{h}\right)L_h(s)\left(\frac{n}{1-n}\right)\right]e^{rt}\Bigg\}(e^{rt}-1)^{-1}\end{aligned}\tag{3-9}$$

式(3-3)林农的单位面积林业产出函数进一步转化为式(3-10)，而营林产生的生态效益仍然可以用一个与林业产出相关的函数表示，即式(3-11)

$$Q = K^{\alpha}\left[\left(\frac{1-h}{h}L_h(s)\right)^{\beta_1} + (L_h(s))^{\beta_2}\right] \tag{3-10}$$

$$V_e = cf(Qv) \tag{3-11}$$

$$\text{s.t. } w_1\left(\frac{L_h(s)}{h}\right) + \lambda K + \varphi S + \theta L_h(s) \leqslant PQ + w_2\left[\left(\frac{1-h}{h}\right)L_h(s)\left(\frac{n}{1-n}\right)\right]e^{rt} \tag{3-12}$$

$$\left(\frac{1-h}{h}\right)L_h(s) \leqslant L \tag{3-13}$$

$$\alpha,\beta>0\text{，}\ 0\leqslant h\leqslant 1\text{，}\ 0\leqslant n\leqslant 1\text{，}\ \beta_1>\beta_2 \tag{3-14}$$

式中，π 代表林农的家庭经营决策目标利润，包括营林经济利润和非农就业利润两部分；Q 代表材积，反映森林的单位面积经济产出；V_e 代表营林单位面积产生的生态效益；P 代表木材价格；β_1、β_2 分别代表林农家庭自用工和雇工营林的边际产出，且由于道德风险问题的存在，不同学者的研究都发现 $\beta_1>\beta_2$（Hanan and Mansuri，2009；Bharadwaj，2015）；λ、φ、w_1、w_2 分别代表资本单位投入费用、单位面积土地租金、务林工资报酬与非农就业工资报酬；r、t 分别代表贴现率和轮伐期；θ 代表林农的单位监督成本。式(3-12)～式(3-14)为约束条件，林农的营林总成本(涵盖劳动力投入成本、营林资本投入成本和雇工监督成本)总不大于林农的预算收入(假设林农收入来自于两个方面——木材收入和非农收入，即 $PQ + w_2\left[\left(\frac{1-h}{h}\right)L_h(s)\left(\frac{n}{1-n}\right)\right]e^{rt}$，其中 $w_2\left[\left(\frac{1-h}{h}\right)L_h(s)\left(\frac{n}{1-n}\right)\right]e^{rt}$ 即为在3.2.1部分林农的非农收入转化形式)；林农家庭林业劳动力的投入小于等于林农家庭劳动力投入总数。

为追求利润最大化，分别考虑 n 和 s 对利润的影响，求一阶导数可以发现：

$$\frac{\partial\pi}{\partial h} = P\frac{\partial Q}{\partial h} + \left[w_1e^{rt}L_h(s)\frac{1}{h^2} + w_2e^{rt}L_h(s)\frac{1}{h^2}\left(\frac{n}{1-n}\right)\right] = 0 \tag{3-15}$$

由于

$$w_1L_h(s)\frac{1}{h^2}>0,\ \ w_2L_h(s)\frac{1}{h^2}>0 \tag{3-16}$$

因此
$$\frac{\partial Q}{\partial h}<0,\ \frac{\partial V_e}{\partial h}<0 \tag{3-17}$$

对于农户而言，雇工劳动力比例的增加导致面临雇工道德风险问题的增加，农户更多地依赖于雇工劳动力会导致边际产出的下降，同时根据式(3-17)，可以得出研究假说4。

假说4：从$\frac{\partial Q}{\partial h}<0$可得，在劳动力总量一定情况下，雇佣劳动力比例的增加会导致单位面积营林产出的减少。

一方面农户雇工比例的增加带来了单位面积产出的下降，在外部市场产品价格不变的情况下意味着营林收入的减少，另一方面，雇工比例的增加又意味着营林劳动力成本的上升，因此农户雇佣劳动力的比例增加会带来单位面积利润的下降。由此可以得到研究假说5。

假说5：在外部市场产品价格不变情况下和劳动力一定情况下，雇佣劳动力比例的增加会对单位面积利润有负向影响。

基于3.2.1部分研究假说3所分析的，反映营林树种生态效益的营林碳汇价值是一个与营林树种蓄积和生物量直接相关的函数[式(3-4)和式(3-11)]，且营林碳汇价值与单位面积产出呈正相关关系，与研究假说3类似，根据式(3-17)的结果，可得到研究假说6。

假说6：在劳动力总量一定情况下，雇佣劳动力比例的增加会带来单位面积营林生态效益的减少。

3.3 计量经济模型设定

本书采用南方集体林区三省实地调查数据来验证之前提出的研究假说。分别建立了非农就业和雇工劳动对不同规模林农营林的私人经济效益和社会生态效益的影响，以及非农就业对不同规模林农的营林决策行为机制影响的计量模型。

3.3.1 林农营林效益影响因素计量经济模型

3.3.1.1 模型形式设定

为了剔除其他因素影响，单独考察非农就业、雇工劳动对不同规模林农营林的私人经济效益和社会生态效益影响的异质性及其作用机制，需要构建计量经济模型加以解决。为解决该问题，本书采用的计量经济模型的具体形式为农业经济领域较为成熟的供给反应模型。

供给反应模型一般认为农林产品的价格对农业生产者的生产行为和最终产出具有很大影响。例如，某种农林产品价格上涨，可能会刺激生产者扩大生产规模，甚至放弃生产别的经营项目转而生产此种产品，从而增加此种农林产品的供给量。应认识到，农林业生产具有明显的季节性和周期性，这种供给方式产生的时滞使得农林的市场价格只有在生产完成之后才能确定。因此，农户依据哪种价格制定生产决策，以及相应的产出成为研究的重点。20世纪中叶，世界各国开始探讨构建一个能科学反映农户现实生产行为的供给反应模型，从而指导各国政策制定者制定价格政策和生产计划。例如，Muth（1961）首次提出的幼稚型价格预期模型，认为农户不需要学习，仅单纯依据上一期农产品市场价格制定当期生产计划决策，之后即被其他学者质疑（Griliches and Jorgenson，1966）。在目前所有描述农产品的供给反应模型中，Nerlove 模型的应用最为广泛（Braulke，1982）。Nerlove 模型主要假定农户根据预期价格调整面积（或产出）对外部市场价格做出反应。该模型既可以表示为种植面积的反应，又可以表示为产出的反应。Nerlove 模型在大量农业经济领域研究中得到应用，重点都把不同时期滞后价格作为关键变量，讨论对实际产出产生影响的价格反应机制（Nerlove，1956；陆文聪和黄祖辉，2004；周建华，2012）。

在考虑林业的供给反应机制时，林业相对于农业而言有自身特点。一是相对于农业的以经济产出为主，林业的多元化功能赋予林农的营林产出效益既包括私人经济产出效益，又包括十分重要的社会生态产出效益。二是营林周期明显比农业生产周期长。农业生产周期基本在一年左右，因此在一般的供给价格反应模型如 Nerlove 模型中会重点考虑滞后一期或两期价格对预期产出的影响，且数据易获得。而林业由于生产周期较长，其供给价格弹性明显更小，林业产出供给并不会因为一期或两期价格变化产生明显波动反应，在林业供给反应模型中的投入品或产出品的价值都进行了贴现处理，不同林农所面对的产出品价格基本是一致的，所以即使纳入价格因素，也无法考察价格变化对于林农生产行为的影响。因此区别于农业生产中的供给反应模型，在讨论非农就业、雇工劳动对不同规模林农营林的私人经济效益和社会生态效益的影响机制的供给反应模型中，不加入林产品价格项。具体模型构建形式如表 3-1 所示。

表 3-1 非农就业、雇工劳动对不同规模林农营林效益影响的供给反应模型构建

序号	营林效益	综合效应模型	流失效应和收入效应(分效应)模型
1	经济效益	林农单位面积营林产出/林农单位面积营林利润净现值=*F*(林农家庭是否非农就业，家庭雇工投入占总劳动力投工比例，其他影响因素)	林农单位面积营林产出/林农单位面积营林利润净现值=*F*(林农家庭非农收入，林农家庭劳动力人均非农就业时间，家庭雇工投入占总劳动力投工比例，其他影响因素)
2	生态效益	林农单位面积营林碳汇价值=*F*(林农家庭是否非农就业，家庭雇工投入占总劳动力投工比例，其他影响因素)	林农单位面积营林碳汇价值=*F*(林农家庭非农收入，林农家庭劳动力人均非农就业时间，家庭雇工投入占总劳动力投工比例，其他影响因素)

3.3.1.2 模型核心变量选择

(1)被解释变量

在被解释变量营林私人经济效益方面，主要考虑以单位面积的产出和单位面积的利润作为变量指标。①单位面积的产出一直是农业生产领域中测算投入产出的主要指标(Fleisher and Liu，1992；Lin，1992；许庆等，2011)，是科布-道格拉斯生产函数(简称 C-D 生产函数)和超越对数函数中常使用的关键被解释变量，对于普通户而言，其主要的目标是产出最大化，该指标也主要反映的是农户的产出水平；②单位面积利润反映了林农营林的经济效益。若研究单一作物，用实物量更能准确描述生产率概念，但多数文献在考虑农户整个农业产出效率时，不同作物种类无法直接比较实物量，因此会使用货币价值来反映(石晓平等，2004)。规模户所追求的经营目标是利润最大化，林业与农业计算经营利润的区别在于，由于林业是长周期的经营活动，因此需要考虑资金的时间价值，采用贴现方法尽可能估算营林利润净现值。

营林生态效益用选取树种杉木的单位面积碳汇价值来衡量，以便于将微观经营主体(农户)营林的生态效益货币化，使得森林的经济外部性内部化。这是为了满足本书的研究目的和研究对象，同时也是考虑到数据的可获得性。具体原因如下：①大尺度宏观层面测度生态效益价值的指标无法测度微观主体具体树种的营林效益。从社会生态效益变量选取来看，由于森林的生态效益体现在涵养水源效益、水土保持效益、固碳制氧效益、净化环境质量效益、调节区域小气候效益和生物多样性保护效益等多个方面，国内外学者对森林在这些生态服务功能方面的价值测算开展了大量系统的研究(Costanza et al.，1997；Woodward and Wui，2001；任志远和李晶，2003；秦中云等，2006；唐慧中等，2008；Latinopoulos，2010；王昌海等，2011)，这些研究大多将生态效益货币化，这为森林生态系统服务市场化提供了科学依据。但如前文所述，此类效益测算主要集中在区域和国家层面大尺度宏观数据解析生态效益价值的评估，而用其测度单一微观经营主体(如农户)在具体树种营林中产生的生态效益并不切合实际,且对单一农户而言没有现实意义。②气候变化背景下树种的碳汇价值日益受到重视，且已经成为衡量森林生态系统的重要指标。随着世界各国对气候变化问题的日益重视，森林生态系统服务市场化显得日益紧迫，而森林碳汇交易已被许多国家作为应对气候变化的重要选择和创新途径，且农户可以通过碳交易直接获取收益，因此森林碳汇价值相对于其他生态功能而言，更显得重要，已经成为衡量森林生态系统的重要指标(李文华等，2006)。③国内学者也对杉木等具体树种进行了碳汇价值的衡量，已有一定的研究基础(方精云等，2002；王兵等，2009；陈美球和蔡海生，2015)，可以用于微观经营主体生态效益的测算。需要注意的是，在测算具体树种的碳汇价值时需要进行生物量测算转化(Dixon et al.，1994；方精云和徐嵩龄，1996；Cower et al.，1997；Brown and Schroeder，1999；马炜和孙玉军，2009)。

(2)非农就业

本书的主要关键解释变量是非农就业。非农就业是指户籍仍在农村的，林农家庭所有劳动力所从事的与农林业生产无关的务工活动(包括临时工、长期工)或者非农自营，既包括本地非农就业(乡镇以内)，又包括外地非农就业(徐婷婷和李桦，2016)。本书在探讨林农非农就业的问题时，采用家庭是否非农就业(家庭人均连续非农就业时间在一个月以上为非农就业户①)来反映非农就业对不同规模林农的营林效益及决策行为影响的综合效应，而分别用家庭户均非农收入、家庭户均非农劳动时间来反映非农就业对不同规模林农所带来的劳动力收入效应和流失效应，从这两方面考察非农就业对不同规模林农营林效益影响的异质性及其原因。

NELM 理论认为，非农就业给农林业生产所带来的影响主要包括两个方面。

---

① 对于如何确定农户是否非农就业，不同研究和统计有不同的分类方法，主要是根据农户是否有非农收入来源来区分。本书所讨论的非农就业的劳动力流失效应及其所带来的时间分配效应只有在非农劳动时间达到一定长度时才可以观察到，因为非农就业时间过短不会造成林农决策行为的变化，也无法准确衡量劳动力流失效应及其所带来的时间分配效应。因此如果采用家庭劳动力的非农转移就业人数来衡量劳动力的流失效应，则明显不够，需要采用非农就业劳动时间来反映。从本次农户调查来看，非农就业一个月以内的农户一般是选择在离家距离较近的地区或者就是在本村以零工为主，因此如果将这部分农户归为非农就业农户，那么无法真实识别出非农就业对营林劳动力带来的时间分配效应。而连续非农就业一个月以上的一般与就业单位有合同关系，属于非临时性雇工，因此本书选择人均连续非农就业时间在一个月以上的作为非农就业户。

1）收入效应。本研究用家庭户均非农收入来反映非农就业给不同规模林农所带来的收入效应。在NELM理论中，非农收入被看作连接劳动力转移的决定因素和产生结果的嵌点，其带来的影响有两方面。一方面，非农就业带来的收入增长能够增加农村家庭的收入预算，将非农就业获得的汇款收入运用于农业领域，使其能更多地购买资本密集或替代家庭劳动力的农业生产要素，如生产资料、雇工甚至技术（Goodwin and Mishra，2004），增加农业生产投资。但另一方面，由于非农就业带来的较高比较收益可能导致农业投资进一步减少，不少研究就发现了类似的结论（Jokisch and Brad，2002；Davis，2014）。

2）流失效应。流失效应即非农就业的比较收益优势使农村大量劳动力外移，导致的家庭人力资本的流失（钱文荣和郑黎义，2011），以及所带来的劳动时间的分配效应。本研究用林农家庭劳动力人均非农就业时间反映非农就业对不同规模林农所带来的流失效应。非农就业促使农村家庭除面临“预算约束”外，还要面临“劳动力约束”和由此带来的“时间分配约束”。随着家庭劳动力非农就业比例的提升，以及农业收入占农户家庭总收入比例的下降，农业会逐步走向兼业化和副业化，大量林农在外出就业的同时很难分配出时间从事农林业生产，从而会对农业生产活动时间产生“挤出效应”，继而会影响到农林业的生产投资和种植结构。

（3）*雇工劳动*

在考虑不同规模林农营林效益的影响机制时，还重点探讨了雇工劳动对其影响的机制。本书主要以“雇工用工投入占总劳动用工投入的比例”指标来反映雇工劳动问题。雇工劳动质量方面，目前国外关于劳动质量与投入测度的文献较多（Chinloy，1980；Schwerdt and Turunen，2007；Koji and Tomomichi，2012）。但是国内由于数据获取的困难，对于劳动质量测度方法的研究较少，有学者从劳动者特征、劳动强度、劳动熟练程度等方面出发，编制了反映劳动质量变化的劳动投入指数（岳希明和任若恩，2008；王立军等，2015）。但从现有文献研究可以发现，对劳动质量尤其是雇工劳动质量的测算存在难以克服的缺陷（王立军等，2015），主要原因在于：①严格假设和特殊函数形式（市场是有效率的且劳动投入函数符合超越对数形式），这极大弱化了结论的准确性和说服力。②对数据要求高。单纯劳动力的劳动质量研究只能在小范围、少数国家或地区展开，主要的原因是数据的可获得性低。如果需要准确衡量雇工的劳动质量，需要综合考虑雇工劳动者的从业经验和技术熟练程度、性别、受教育程度、年龄等诸多层面的微观数据，一方面从现有的统计资料中难以获取，另一方面即使是从微观农户调查中，农户受调查者也很难清楚反映所雇工的相关指标情况。③计量方法缺乏，预测难度较大。目前较缺乏成熟统一的测量方法来测算雇工的劳动质量。

基于以上原因，本书主要以雇工投入占总劳动力投工的比例来反映雇工劳动问题。雇工投入占总劳动力投工的比例越高，面临“道德风险”的问题越大，雇工质量越难把控。

3.3.2　林农营林要素投入行为和采伐决策影响因素计量经济模型

3.3.2.1　模型形式设定

分析非农就业、雇工劳动对不同规模林农营林效益影响的异质性及其作用机制，需要进一步从非农就业对不同规模林农营林行为及决策变化的影响来解释非农就业之所以造成不同规模林农营林效益异质性的原因。因此，需要建立分析非农就业对不同规模林农营林要素投入行为和采伐决策行为影响的模型(表 3-2)。虽然该研究内容分为两章，但是由于作用机制和模型变量选择类似，因此放在一起介绍。模型同样结合对非农就业变量的理解，从非农就业所带来的综合效应和分效应(即劳动力收入效应和流失效应)分别进行考察。

表 3-2　非农就业对不同规模林农营林要素投入行为和采伐决策行为影响模型构建

研究内容	序号	综合效应模型	流失效应和收入效应(分效应)模型
非农就业对不同规模林农营林要素投入行为的影响	1	林农单位面积营林总成本及不同成本构成的净现值(雇工、自用工、生产资料和种苗成本)=*F*(林农家庭是否非农就业，其他影响因素)	林农单位面积营林总成本及不同成本构成的净现值(雇工、自用工、生产资料和种苗成本)=*F*(林农家庭非农收入，林农家庭劳动力人均非农就业时间，其他影响因素)
	2	林农流入林地面积及意愿=*F*(林农家庭是否非农就业，其他影响因素)	林农流入林地面积及意愿=*F*(林农家庭非农收入，林农家庭劳动力人均非农就业时间，其他影响因素)
非农就业对不同规模林农营林采伐决策行为的影响	3	地块预期轮伐期=*F*(林农家庭是否非农就业，其他影响因素)	地块预期轮伐期=*F*(林农家庭非农收入，林农家庭劳动力人均非农就业时间，其他影响因素)
	4	地块预期轮伐期与理论最优轮伐期的偏差=*F*(林农家庭是否非农就业，其他影响因素)	地块预期轮伐期与理论最优轮伐期的偏差=*F*(林农家庭非农收入，林农家庭劳动力人均非农就业时间，其他影响因素)

就具体模型形式而言，非农就业对不同规模林农要素投入、成本结构及采伐决策的影响主要通过建立多元线性回归模型并用普通最小二乘法

(ordinary least square method，简称 OLS 法)估计模型参数来进行研究。值得注意的是，非农就业与不同规模农户营林要素投入之间可能存在内生性问题，即农户营林要素投入又会反向影响到农户的非农就业时间，会导致参数估计存在有偏的可能性。因此，模型估计进一步使用两阶段最小二乘法(2SLS)解决可能存在的内生性问题。本书采用“农户所在村庄常年外出务工劳动力人数”作为“林农家庭是否非农就业”“林农家庭劳动力人均非农就业时间”“农户家庭非农收入”等非农就业相关指标的工具变量来解决该内生性问题。

对于非农就业对林农流入面积行为影响机制的模型，现有样本数据中，相当数量林农家庭(普通户)没有发生过林地流入情况，因此会出现大量的零观测值，一般线性回归模型和 OLS 法估计将不适用，因此采用 Tobit 模型(Tobin，1958)。在讨论非农就业对于林农采伐决策影响机制的模型时，重点考虑在非农就业影响下，林农的预期采伐决策与理论最优采伐决策的接近程度，来体现非农就业对林农采伐决策改变的影响，以及由其造成的对理论最优采伐决策偏离影响的程度。

3.3.2.2 模型核心变量选择

(1)关键解释变量：非农就业

该部分同样沿用 3.3.1 部分对非农就业测度的方法。在探讨林农非农就业的问题时，采用家庭是否非农就业(人均非农就业时间在一个月以上为非农就业户)来反映非农就业对不同规模林农的营林决策行为及其效益影响的综合效应；分别用家庭户均非农收入、林农家庭劳动力人均非农就业时间来反映非农就业对不同规模林农所带来的劳动力收入效应和流失效应。

(2)被解释变量

非农就业对不同规模林农营林要素投入影响的模型中，被解释变量林农的营林要素投入主要用单位面积营林投入成本、林地流转行为和采伐决策来反映。

1)营林的投入成本。它是反映林农营林投入的程度的主要指标。从生产要素构成来看主要包括劳动力成本和生产资料成本，其中劳动力成本又分别包括自用工投入(可以用劳动力市场影子价格反映)和雇工投入成本，生产资料成本主要包括地租、化肥农药及种苗等生产资料相关成本[①](廖文梅等，

---

① 由于林业经营方式相对于农业粗放且南方集体林区地形、交通、立地条件等因素，机械化和灌溉技术采用程度低，因此在林农调查中没有机械和灌溉等成本支出。

2015)。从营林周期分阶段来看，又可以划分为种植成本(含补植)、抚育成本和采运成本三个阶段性成本(朱臻等，2013；曹兰芳，2014)。本书充分考虑营林成本结构划分，在讨论非农就业对于不同规模林农的营林效益和投入决策影响机制时，既重点关注雇工和生产资料投入在其中所扮演的角色，又考虑到不同营林阶段所产生的成本，便于采用贴现方法准确估算营林成本净现值。同时，2004 年以来，南方集体林权制度改革虽然强化了林地和林权的稳定性，但同时也加剧了林地细碎化，造成不同地块投入情况具有差异(孔凡斌等，2011)，因此在收集成本投入数据时选择在地块层面上，了解林农最大地块的投入情况。

2)林地流转行为。土地流转是提高土地经营效率的重要途径(郜亮亮和黄季焜，2011)。对林地流转行为的探讨主要集中在转入转出行为和意愿上(谢屹，2008；孔凡斌等，2011；王成军等，2012)，如是否发生流入或流出行为，流入与流出面积数量等，基本采用二元选择模型和 Tobit 模型等受限因变量模型加以解决。由于本书主要讨论的是非农就业所带来的收入效应和劳动力流失效应可否对扩大营林规模产生影响，因此采用林地流入面积和意愿作为衡量林地流转的决策行为指标。

3)采伐决策。非农就业对不同规模林农营林采伐决策影响的模型中，从被解释变量来看，林农的采伐决策主要用预期轮伐期与理论最优轮伐期的差来反映。营林轮伐期是林木正常生长达到可以采伐利用的全过程时间，通常也指的是一个营林周期(沈月琴等，2011)。理论上，森林资源最优利用条件是利润最大化目标下的经济理论最优轮伐期(简盖元等，2011)，可以通过 Faustmann 模型计算获得。而预期轮伐期则是林农结合自身资源禀赋、就业结构后自我评估的结果，它与理论最优轮伐期之间的差距可以用来反映非农就业对不同规模林农营林采伐决策影响的作用机制。

从模型的解释变量来看，除上述所讨论的关键解释变量非农就业之外，在本书的研究过程中还需要考虑一些相关的控制变量。在大量的林业经济相关领域研究中，林地资源禀赋(地形和立地质量)、林农个体特征、社会政治资本、投入经营强度和技术等要素资本、林地的权属等都对农民林地投入产出决策有重要影响(王文烂等，2011；李桦等，2013；袁榕等，2012；孔凡斌和廖文梅，2014)，这些因素都需要在本书中考虑。

(3)工具变量

在讨论非农就业对不同规模林农营林要素投入影响的作用机制时，采用了 2SLS 估计方法的回归模型，使用工具变量来解决存在的内生性问题。在之前的诸多研究中，村级层面的非农就业指标往往被用作工具变量来解决农户非农就业与其农业生产决策行为之间的内生关系问题(Kung，2002；Wang et al.，2017)。这是因为一方面，农户的社会网络受到村级社会经济文化的影响，而农户的社会网络在其获取非农就业机会中起到十分重要的作用；另一方面，村级层面成立的企业组织也可以为农户提供很多非农就业机会(Kung，1999；Zhao，2002)。因此，本书采用相关研究所使用的“林农所在村庄常年外出务工劳动力人数”作为林农“是否非农就业”“林农家庭劳动力人均非农就业时间”“林农家庭非农收入”等非农就业相关指标的工具变量(Kung，2002)。一方面，当地常年外出务工劳动力人数将直接影响解释变量林农家庭“人均非农劳动时间”、“是否非农就业”(是否非农就业本身就是由非农劳动时间决定的)、“林农家庭非农收入”等，这满足工具变量的相关性要求，另一方面，林农以家庭作为决策单位，“林农所在村庄常年外出务工劳动力人数”不直接影响被解释变量“林农的营林要素投入”，外生性得到较好满足，因而笔者认为这是一个合适的工具变量。

3.4 数据来源

3.4.1 样本点选择

本书根据南方集体林区各省森林资源和社会经济发展状况，通过分层抽样选取南方集体林区浙江、江西和福建三个省份作为样本省。三省位于中国东南沿海，地理位置接壤，森林覆盖率和集体林比例分别在 60%以上和 85%以上，是典型的南方集体林区。三个样本省的社会经济发展存在明显差异，其中浙江省属于沿海经济发达地区，2017 年人均 GDP 达到 9.2 万元，农村居民人均可支配收入连续 32 年居全国各省区第一位，达到 2.5 万元；江西省则属于社会经济发展相对落后地区，2017 年人均 GDP 和农村居民人均可支配收入分别仅占浙江省的 48.91%和 52%。福建省在南方集体林区中属于社会经济中等发展地区，2017 年人均 GDP 为 8.3 万元，农村居民人均可支配收入为 1.6 万元(表 3-3)。同时，本书选择南方集体林区的代表性用材树种——杉木作为研究对象。杉木在南方集体林区的种植面积达到 743 万 hm^2，占南方集体林区森林总面积的 10.5%。三省 2017 年的社会经济与森林资源的具体数据见表 3-3。

表 3-3 样本省 2017 年社会经济和森林资源指标对比

相关指标	浙江	江西	福建
森林面积/万 hm^2	605.0	1 072.0	801.3
森林覆盖率/%	61.0	63.1	66.0
集体林比例/%	95	85	94
农村居民人均可支配收入/万元	2.5	1.3	1.6
人均 GDP/万元	9.2	4.5	8.3
杉木面积/万 hm^2	82.1	259.2	126.1
杉木面积占全省林地面积比例/%	12.4	24.6	13.8
杉木蓄积/万 m^3	4 993.7	14 528.7	11 969.5
杉木蓄积占全省活立木总蓄积比例/%	20.6	24.6	22.5

注：数据来源于 2017 年浙江省、江西省和福建省国民经济和社会发展统计公报

2015 年，笔者为了实现本研究预期目标，开展了大样本的实地调查活动。由于本书以杉木作为主要树种开展研究，因此调查在浙江、江西和福建三个样本省重点林区或杉木用材林基地所在县(市、区)内按照社会经济发展水平差异，运用分层抽样方法分别选取了样本县(市、区)①。进一步，采取类似抽样方法在每个样本县(市、区)内选取 3 个乡镇，并在每个乡镇内选取 2 个样本村。最后，在浙江省共计抽取 5 个样本县(市、区)，15 个乡镇，30 个村，而由于在江西和福建两省杉木营林地区相对集中，因此各抽取了 3 个样本县(市)，9 个乡镇，18 个村。最后在样本村中，根据林农有无林地流入经营来界定规模户和普通户②。在每个样本村分别在普通户中随机抽取 7 户样本，在规模户中随机抽取 3 户样本。剔除非杉木经营和营林周期信息缺失的林农样本，林农有效样本为 450 户，包括规模户 138 户和普通户 312 户。具体样本分布见表 3-4。

---

① 根据 2015 年农民人均可支配收入指标进行分层抽样。本研究选取的 11 个样本县(市、区)平均森林覆盖率在 74.9%左右，其中浙江省 5 个样本县(市、区)平均森林覆盖率为 73%。江西省 3 个样本县(市)平均森林覆盖率为 74%，福建样本县森林覆盖率为 79%，都是两省的重点林区和用材林基地。

② 三省不同样本点地区森林资源和林地面积状况差异较大，无法统一根据某个林地面积绝对值范围来作为划分规模户与普通户的界限。一般而言，有林地流入行为的农户都是愿意开展林业经营的规模户，因此这里直接采用有无林地流入作为划分规模户与普通户的标准。

表 3-4 样本户有效样本分布

省	县(市、区)	规模户/户	平均规模/亩①	普通户/户	平均规模/亩	合计/户
浙江	临安	18	337.3	32	31.8	50
	龙泉	18	318.9	42	33.4	60
	建德	20	647.3	30	24.8	50
	开化	17	389.2	43	36.5	60
	庆元	18	487.4	42	41.8	60
福建	顺昌	6	383.3	29	22.1	35
	永安	10	414.7	27	78.7	37
	政和	8	280.5	16	39.6	24
江西	婺源	10	579.7	14	23.1	24
	浮梁	6	80.3	15	19.7	21
	贵溪	7	155.7	22	27.0	29
合计		138	407.3	312	35.6	450

注：数据来源为农户调查

3.4.2 数据收集方法

1)农户调查和村调查。针对样本村所选择的林农开展入户调查。农户调查内容主要包括：①户主个人及家庭基本特征和收入结构情况。重点了解2015年从事非农就业情况(包括非农就业时间、非农就业与本村距离，以及非农收入等)。②林农营林情况。重点包括林农林地面积、案例树种的经营规模和最大地块杉木经营情况。与农业生产周期基本在一年内不同，林业经营周期明显偏长，用材林如杉木一般成熟都要在15年以上，而且现实中每位农户经营周期中的种植和采伐时间点存在差异，导致难以采用追溯的历史数据讨论非农就业对林农营林行为的影响，这给评价林农的营林投入产出带来了巨大的困难。为了确保研究目标实现和数据之间的可比性及一致性，同时基于营林投入阶段较为集中(主要发生在初始投入阶段)，且在不发生技术革新情况下要素投入量基本保持稳定的假设背景下，本研究主要依据林农的营林经验、现有营林经营强度和劳动力配置情况，以2015年为基年，重点了解农户杉木经营中一个完整营林周期的单位产出和收益、目前杉木市场价格、要素投入

① 1亩≈667m^2，下同。

（重点是雇工劳动力和家庭劳动力投入）及产出情况[①]。由于营林投入阶段较为集中（主要发生在初始投入阶段），因此采用 2015 年的非农就业数据大致可以判断其对于以 2015 年为基年的林农营林投入影响。③林业政策、营林技术培训的认知、受益和参与情况等。村调查主要以掌握村庄基本情况的村干部（主要为村会计）为访谈对象，主要了解目前村庄杉木树种的营林情况、村里林业劳动力用工和价格情况、村庄人口及就业结构、收入水平与结构、林业基础设施建设情况等，为工具变量提供数据基础。

2）二手资料收集。到各样本县和村相关部门收集本研究所需的相关二手资料。主要包括：①各样本省、县（市、区）的森林资源清查数据，以及林业产业发展情况等；②当地杉木树种在营林、造林方面的相关工作总结和数据、相关产业支持政策等；③当地的自然资源状况总结和社会经济发展统计年鉴等相关统计数据。

3）关键信息人访谈。对各样本省林业厅、各样本县（市、区）的林业部门负责人进行了访谈，收集了包括当地林业发展过程、杉木经营的相关政策等本项目相关的重要二手资料。

① 很多研究从农户层探讨林业投入产出问题，但大多仅对某一特定年份的农户调查数据进行测算（刘璨等，2003； 臧良震等，2011），也有学者截取了若干年份采用固定监测点数据进行林业投入产出问题的研究（苏时鹏等，2015），但此种数据都无法解决投入与产出对应的问题。因此本研究决定从地块层面调查农户一个完整投入产出周期的数据。为了尽可能确保农户调查数据贴近现实，笔者组织调查员对农户进行了问卷培训和指导，也与当地林业主管部门的相关人员开展了访谈，了解了当地树种的投入产出情况，对个别农户调查中发生的异常值进行了均值替代和修正。沈月琴等（2013）、吴伟光等（2014）、Wu 等（2015）的研究都采用此种调查方法。

4　南方集体林区不同规模林农营林效益的差异

本章主要在介绍南方集体林区及案例省森林经营状况基础上，基于样本户调查数据分析和比较了不同规模林农的营林投入、营林经济效益与生态效益差异。本章共分为 4 部分，第一部分主要总结南方集体林区集体林权制度改革后南方集体林区概况，并基于南方集体林区集体林权改革背景下，通过二手资料搜集，重点分析本研究三个样本省浙江、福建和江西的森林资源及林业经营发展情况；第二部分主要基于样本点农户调查，分析样本户家庭和林业经营特征，尤其是针对本研究案例树种杉木，分析了样本户杉木经营特征和营林投入；第三部分则是根据林农杉木营林调查，基于林地产出率、单位面积利润净现值和单位面积林地碳汇价值等营林经济效益与生态效益指标，分析不同规模林农营林的私人经济效益和社会生态效益的差异。最后对本章内容进行了小结。

4.1　南方集体林区及森林经营状况

4.1.1　南方集体林区概况

集体林产权归属为集体所有，是我国重要的森林资源，在经济社会发展与生态建设中发挥了重要作用(回良玉，2009)。南方集体林区主要指的是我国南方浙江、安徽、福建、江西、湖北、湖南、广东、广西、海南和贵州 10 个以集体林资源为主的山区省(自治区)，涉及人口总数达 5.2 亿人。南方集体林区是中国人工林资源主要分布区域，约占全国人工林面积的 60%，是中国重要的木材供应及加工基地。近年来，尤其是《中共中央国务院关于加快林业发展的决定》(中发〔2003〕9 号)和《中共中央国务院关于全面推进集体林权制度改革的意见》(中发〔2008〕10 号)颁布以来，随着南方集体林区林权制度改革的不断深入，在南方集体林区出现了“资源增量、农民增收、社会增效”的局面。据最新的森林资源清查显示，我国南方集体林区林地面积 7629.6 万 hm^2，占全国林地总面积的 24.4%，总蓄积 33.4 亿 m^3，占全国森林总蓄积的 22.1%，森林覆盖率 49.9%，为全国平均水平的 2.3 倍(国家林业局，2014)。笔者在这里主要收集了 2017 年南方集体林区十省区的相关森林资源和社会经济发展基本情况。

2017 年南方集体林区十省区 GDP 达到 331 797 亿元，占全国 GDP 的 40.1%。集体森林资源既是重要的生态屏障，又是当地居民十分重要的经济来源与生活空间。南方集体林区 2017 年林业产值 36 741 亿元，占全国林业产业总产值的 56.6%，农村居民人均可支配收入为 14 291 元，各省之间社会经济发展差异较大，农村居民人均可支配收入最高省(浙江省)是最低省(贵州省)的 2.8 倍(表 4-1)。

表 4-1　2017 年南方集体林区社会经济和森林资源情况

林区	国内生产总值总量/亿元	人均国内生产总值/元	农村居民人均可支配收入/元	林业产值/亿元	林地面积/万 hm^2	森林面积/万 hm^2	森林覆盖率/%	森林蓄积量/亿 m^3
全国	827 122	596 60	13 432	64 900	31 259	20 768.7	21.6	151.4
南方集体林区	331 797	58 630	14 291	36 741	7629.6	7 655.5	49.9	33.4
浙江	51 768	92 057	24 956	5 127	660.7	605.0	61.0	2.2
安徽	27 519	44 206	12 758	3 192	443.2	380.4	27.5	1.8
福建	32 298	82 976	16 335	4 611	926.8	801.3	66.0	6.1
江西	20 819	45 187	13 242	3 505	1 069.7	1 053	63.1	4.5
湖北	36 523	61 882	13 812	2 999	849.9	713.9	38.4	2.9
湖南	34 591	50 563	12 936	3 736	1 252. 8	1 011.9	47.8	3.3
广东	89 879	81 089	15 780	7 696	1 076.4	906.1	51.3	3.6
广西	20 396	41 955	11 325	4 777	1 527.2	1 342.7	56.5	5.1
海南	4 463	48 430	12 902	488	214.5	187.8	55.4	0.9
贵州	13 541	37 956	8 869	610.0	861.2	653.4	37.1	3.0

注：数据来源于 2017 年《中国林业统计年鉴》和《中国统计年鉴》

4.1.2　案例省的森林经营和林业经济发展状况

浙江、江西和福建三省是南方集体林区的典型省份，也是 2003 年开始的南方集体林区新一轮集体林权改革的试点省份。三省森林资源和社会经济基础都存在一定的差异，所经历的南方集体林区集体林权制度改革的过程也有所差别。

4.1.2.1 浙江省森林经营和林业经济发展概况

浙江省位于中国东南沿海，长江三角洲的南部，面积约 10.6 万 km^2，2017 年末全省常住人口为 5657 万人，人均 GDP 为 92 057 元，农村居民人均可支配收入为 24 956 元，农村居民人均可支配收入居全国各省区第一(浙江省统计局，2018)。

浙江省四季分明，气候温和，雨量充沛，土地肥沃，森林资源丰富，全省素有“七山一水两分田”之称。据第八次全国森林资源清查结果显示，浙江省林地面积 659.8 万 hm^2，占全省总面积的 62.3%；森林面积 605 万 hm^2，占林地面积的 91.7%，森林覆盖率 61.0%，林木绿化率 62.4%。活立木总蓄积 24 224.9 万 m^3，其中森林蓄积 21 679.8 万 m^3，占 89.5%。森林面积中，国有林 23.0 万 hm^2，占 3.8%，集体林 582 万 hm^2，占 96.2%；乔木林面积 410.1 万 hm^2，其中杉木面积 82.1 万 hm^2，蓄积 4993.7m^3（国家林业局，2014）。

据浙江省林业局统计，2017 年浙江省林业产业总产值 5633.4 亿元，其中：第一产业产值 952.3 亿元，第二产业产值 2560.9 亿元，第三产业产值 2120.2 亿元，分别占全部林业产业总产值的 16.9%、45.5%和 37.6%。农民人均林业纯收入 3219 元，占农村居民人均可支配收入的 12.9%，林业对农民增收的贡献率达 22.5%。

浙江省是全国率先基本完成林权制度改革的省份之一。完成换(发)林权证面积 577 万 hm^2，占应换(发)林权证面积的 96.8%；换(发)林权证 425.9 万本，占应换(发)林权证的 99.0%；签订责任山承包合同 143.9 万份，占应签订承包合同的 97.5%。截至 2015 年底，75 个县(市、区)建立了林权管理机构，65 个县(市、区)成立了林权交易中心，年均流转面积近 6.67 万 hm^2，全省累计流转面积已达 91.07 万 hm^2，流转金额 214 亿元。林权制度的改革与林权交易中心的建立，极大程度上促进了林地流转，促进了林地规模化经营主体的发展。

4.1.2.2 江西省森林经营和林业经济发展概况

江西省位于中国东南部，长江中下游南岸，东邻浙江省与福建省，南连广东省，西接湖南省，北毗湖北省和安徽省，面积 16.69 万 km^2。2017 年末全省常住人口为 4622.1 万人，人均 GDP 45 187 元，农村居民人均可支配收入为 13 242 元(江西省统计局，2018)。

江西省的地形以江南丘陵、山地为主，森林资源丰富，以常绿阔叶林为主。

江西省林地面积 1069.7 万 hm^2，占全省总面积的 64.1%；森林面积 1053 万 hm^2，森林覆盖率 63.1%。活立木总蓄积 45 045.5 万 m^3，其中森林蓄积 44500 万 m^3，占 98.8%。林地面积中，国有林 118.8 万 hm^2，占 11.1%；集体林 950.8 万 hm^2，占 88.9%。活立木总蓄积中，国有林 9312.8 万 m^3，占 20.7%；集体林 10 609.5 万 m^3，占 23.6%。森林面积中，乔木林面积 829.2 万 hm^2，蓄积 40 971.4 万 m^3，其中杉木面积 259.2 万 hm^2，蓄积 14 528.7 万 m^3(国家林业局，2016)。2015 年全省林业总产值达 2654.6 亿元，连续 5 年保持产值的高位增长。

江西省也是全国率先基本完成林权制度改革的省份之一。在 2004 年，江西省就开始了以“明晰产权、减轻税费、放活经营、规范流转”为主要内容的集体林权改革，并在林权流转、林权抵押贷款、森林保险、国有林场改革等方面成为全国林权改革试点。到 2015 年，全省累计林地流转达到 137 万 hm^2，占全省集体山林面积的 15.1%，林权流转价值达到 40 多亿元；办理林权抵押贷款累计达到 100 多亿元；森林投保面积累计达 733 万 hm^2。

4.1.2.3　福建省森林经营和林业经济发展概况

福建省位于中国东南沿海，东北与浙江省接壤，西北与江西省毗邻，西南与广东省相连，东隔台湾海峡与台湾省相望，面积约 12.4 万 km^2，2017 年末全省常住人口 3911 万人，全省人均 GDP 82 976 元，农村居民人均可支配收入为 16 335 元(福建省统计局，2018)。福建省依山傍海，其中 90%的陆地面积为山地丘陵地带，被称为“八山一水一分田”。福建省森林资源十分丰富，全省林地面积 926.8 万 hm^2，占全省总面积的 76.7%，根据第八次全国森林资源清查结果，全省森林面积 801.2 万 hm^2，森林覆盖率 66.0%，居全国首位；森林蓄积 60 796.2 万 m^3，其中天然林蓄积 35 942.9 万 m^3，人工林蓄积 24 853.3 万 m^3，居全国第一（国家林业局，2014)。森林面积中，乔木林面积 618.0 万 hm^2，蓄积 48 436.3 万 m^3，其中杉木面积 126.1 万 hm^2，蓄积 11 969.5 万 m^3(国家林业局，2016)。

福建省林业产业发达，2017 年福建省林业总产值继续保持稳步增长，总产值达 4611 亿元，位居全国前列。与浙江省和江西省一样，福建省也是全国率先基本完成林权制度改革的省份之一。2015 年全省林权登记发证率达 98.7%；林权证到户率达 96.1%。已建立各类林业合作组织 3751 个，涉及农户数 251.6 万户，经营面积 52.2 万 hm^2，其中林业专业合作社新建 45 个，累计达 1668 个，涉及农户数 39.8 万户，经营面积 42.5 万 hm^2。

4.2 样本点不同规模林农杉木经营状况

4.2.1 南方集体林区杉木经营状况

杉木(*Cunninghamia lanceolata*)隶属于杉科(Taxodiaceae)，是主要分布于秦岭以南，海拔2000m以下山坡和丘陵的常见树种。杉木属常绿乔木树种，树冠高大，尖塔形；株高可达35m，胸径可达2m以上。树皮灰褐色，长条状脱落，大枝平展；小枝对生或轮生。杉木树干通直，高大，木材纹理直，材质轻软，结构细致，不开裂，耐腐蚀，是南方首要的速生商品材树种(耿伯介和王正平，1996；王兵等，2009)。据第八次全国森林资源清查，杉木的人工种植面积达到10 963 600hm^2，占我国乔木林面积的6.7%，在人工乔木林中是排名首位的优势树种，蓄积量达到7.3亿m^3(国家林业局，2014)。杉木主要分布在全国16个省(自治区、直辖市)，其中南方集体林区中江西、湖南、福建、广西、浙江、广东、贵州7省(自治区)的杉木林面积之和占全国总面积的89.8%(国家林业局，2014)。在本研究中浙江、福建和江西的杉木林面积分别达到82.1万hm^2、126.1万hm^{2}和259.2万hm^2，分别占全省林地面积的12.4%、13.6%和24.2%。杉木的木材产量占全国商品材产量的20%～25%(国家林业局，2014)，鉴于林业经营项目的复杂性和多样性，将杉木这一南方集体林区首要商品用材树种作为本研究案例树种，可以尽量保证大样本的数据比较，以确保研究目标的实现。

4.2.2 不同规模林农杉木经营状况

本研究对浙江、福建和江西三省林农的杉木经营基本状况进行了调查，收集了林农家庭基本特征、杉木经营状况等相关信息。

4.2.2.1 样本户基本特征分析

从样本户的基本特征信息来看(表4-2)，三个省样本户平均家庭人口为4.1人，其中江西省样本户家庭人口最多，为4.8人；三省样本户户主平均年龄在53.5岁，其中浙江省户主平均年龄最高，达到56.2岁；三省林农户主的平均文化程度接近初中水平，表明农民文化程度普遍偏低，这给现代营林技术和理念的推广运用带来了一定的阻碍。

表 4-2　2015 年三个省样本户家庭基本特征

林区	林农类型	平均家庭人口/人	户主平均年龄/岁	户均非农收入/元	户均非农收入占总收入比例/%	户均营林收入占总收入比例/%	户均劳动力非农就业时间/月	户均流入林地面积/hm^2	户均享受林业补贴政策比例/%
浙江	普通户	3.9	56.7	43 026	75.2	15.0	8.7	13.2	31.0
	规模户	3.8	54.9	70 904	73.6	25.4	5.2		61.5
	总体	3.9	56.2	52 086	74.7	18.2	6.9		40.2
福建	普通户	4.6	50.1	28 206	56.2	26.4	8.2	10.9	16.0
	规模户	4.3	45.8	50 385	39.1	53.1	1.5		29.2
	总体	4.5	48.7	35 399	50.6	35.1	4.9		20.3
江西	普通户	4.6	48.5	20 475	55.3	12.4	8.0	12.1	30.8
	规模户	5.2	46.4	35 783	50.1	25.0	4.1		39.1
	总体	4.8	47.9	25 169	53.7	16.2	6.0		33.3
三省	普通户	4.1	54.3	35 920	68.9	16.4	8.2	11.2	28.5
	规模户	4.1	51.9	61 482	63.6	30.1	4.4		52.2
	总体	4.1	53.5	43 759	67.3	20.6	6.3		35.8

注：数据来源为农户调查

随着山区非农就业转移的增加，林农家庭非农收入比例不断增高，2015 年三省样本户均非农收入占家庭总收入比例达到 67.3%，户均劳动力非农就业时间达到 6.3 个月。其中在社会经济发达的浙江省林农家庭样本户平均非农收入占家庭总收入比例达到74.7%，户均劳动力非农就业时间达到6.9个月，且户均非农收入超过了 5 万元。从普通户和规模户的对比来看，规模户由于拥有的家庭资源禀赋更为丰富，所从事的非农就业报酬率普遍高于普通户，导致三省规模户的户均非农收入都高于普通户，尤其在浙江省规模户的户均非农收入是普通户的 1.65 倍；但从收入的依赖性来看，由于普通户要素资源尤其是劳动力资源的相对稀缺，其更愿意从事比较收益较高的非农就业工作，三省普通户户均劳动力非农就业时间比规模户长 3.8 个月，从而导致了三省普通户户均非农收入占林农家庭总收入比例都要高于规模户，尤其在福建省普通户户均非农收入占林农家庭总收入比例比规模户高 17.1 个百分点。

另外，从对营林的依赖性来看，由于规模户通过承包租赁林地开展林地经营后，在追求经营利润最大化的目标下，相对于普通户更为重视和依赖营林收入，从调查数据来看，三省规模户户均营林收入占其家庭收入比例比普通户高 13.7 个百分点，尤其在福建省规模户户均营林收入占其家庭收入比例比普通户高 26.7%，营林收入成为规模户的重要家庭收入来源。随着集体林权制度改革的不断推进，在所调查的样本县(市、区)都存在着林地流转行为。在调查中，规模户发生的林地流转中，从林地流入面积来看，三个样本省规模户户均林地流入面积 11.2hm^2，三省比较来看，浙江省规模户平均流入面积最高，达到 13.2hm^2。同时，从这次调查中发现，三省规模户户均享受林业补贴政策比例比普通户高了 23.7 个百分点，在浙江省该数据甚至达到了 30.5 个百分点，也足以证明前文提到的本研究的现实研究背景．即在南方集体林区，由于中央和地方政府鼓励林业规模化经营，因此林业补贴政策具体实施中的受益对象也主要倾向于规模户。

4.2.2.2　南方集体林权改革背景下不同规模林农杉木经营特征

南方集体林区产权制度改革后，林地经营的细碎化程度日益明显。从三个样本省调查可以发现(表 4-3)，样本户家庭户均地块数为 4.9 块，其中浙江省的户均地块数最多，达到 5.3 块。普通户户均营林面积仅为 2.1hm^2，其中江西省普通户户均营林面积仅为 1.6hm^2，在南方丘陵山区，机械化对劳动力替代率低，林地面积细碎化加剧了经营的不便，又进一步加速了劳动力的转移和林地的流转。随着集体林权制度改革中林权流转配套改革的不断跟进，大户承包林地开展规模化经营现象日趋增多。在本研究调查的杉木经营规模户中，三省规模户户均营林面积达到 28.4hm^2，户均最大地块面积达到 8.4hm^2。笔者收集比较了规模户与普通户杉木目前营林状况(表 4-3)，可以发现：①从营林基础条件来看，立地条件对于林业产出有重要影响，规模户最大地块往往是流转而来，其对林地质量要求高，因此地块的平均质量也要高于普通户；而从地块经营的便利性来看，普通户最大地块与公路距离和规模户没有显著区别。②从种植决策来看，林分种植密度也是反映林农经营目标的一个重要指标[①]。诸多学者针对南方集体林区营林条件，尤其是结合浙江、福建和江西样地试验，从林分密度角度对森林经营目标关系进行了大量研究[②](叶功富等，1995；周国模等，2001；陈代喜和莫泽莲，2001)。从本研究样本点调查来看，三省规模户最大地块平均种植密度在 2632 株/hm^2，小于普通户的 3392 株/hm^2，

① 林分密度是评定单位面积林分中林木间的拥挤程度的指标，它是影响林分生长的重要因素之一，不仅影响着各生长时期林分的生长发育、林木的材质及蓄积量，而且影响着林内环境(光照、温度、水分和土壤等)林分的稳定性、林内物种的种类及其个体分布。

② 叶功富等(1995)的研究表明，不同密度林分的单株材积差异显著。杉木单株材积随林分密度的增加而减小。由于林木竞争作用，密度大的株分自然枯死率较高。因此有学者指出，从全国范围来说，14 指数级立地通常培育小中径材，设计密度为 3600～4500 株/hm^2；16 指数级立地一般培育中径材，设计密度为 3000～3600 株/hm^2；而 18 指数级以上的立地培育中径材或大径材，采用 2505～3000 株/hm^2(陈代喜和莫泽莲，2001)。

根据现有研究结果和现实访谈，规模户基于立地条件较好以发展大径材为主(种植密度较低，减少竞争作用)，而普通户则以发展中小径材为主。这一方面是各自经营目标的差异(普通户除了销售外，更主要的还有自用材；而规模户则以销售商品材为主)，另一方面则是要素禀赋的差异。普通户面临着比规模户更为紧张的资金和劳动力供给约束，在营林周期长的客观背景下，普通户只能选择中小径材为经营目标，尽快实现收益回报。③从林分质量来看，虽然规模户与普通户最大地块平均种植密度差异较大，但三省规模户与普通户杉木最大地块当前单位面积平均蓄积量并无明显差异，这与相关研究结果类似(林开敏等，1996；陈代喜和莫泽莲，2001)。④笔者进一步向林农了解“结合现有的家庭劳动力就业情况、营林投入和条件，您认为最大地块的预期采伐时间是多久之后？”，三个样本省林农对杉木预期的采伐时间为 19～20 年，其中规模户相对于普通户的采伐时间晚近 4 年，普通户家庭的非农就业造成了营林劳动力约束，而另一方面在预算收入紧约束下普通户又不愿意放弃营林收入，因此往往造成林农的采伐期提前，待杉木接近成熟就马上进行采伐；而规模户则由于资源禀赋条件较好，家庭非农就业所面临的劳动力约束可以通过雇工解决，因此他们往往会依据杉木理论成熟时间进行采伐。

表 4-3　2015 年不同规模林农林地经营和最大地块杉木经营状况

林区	分组	户均营林面积/hm^2	户均地块数	户均最大地块面积/hm^2	最大地块林地平均质量	最大地块与公路平均距离/km	最大地块平均种植密度/(株/hm^2)	最大地块当前单位面积平均蓄积量/(m^3/hm^2)	最大地块平均预期采伐时间/年
浙江	普通户	2.2	4.7	0.9	1.6	1.7	3406	88.9	16.8
	规模户	31.3	6.7	9.5	1.5	1.7	2637	82.1	21.1
	总体	11.0	5.3	3.5	1.6	1.7	3173	86.9	18.9
福建	普通户	2.3	3.7	1.4	1.5	2.7	3126	54.3	18.8
	规模户	24.1	6.1	6.7	1.7	1.8	2606	92.9	21.1
	总体	9.4	4.5	3.1	1.6	2.4	2958	66.8	19.9
江西	普通户	1.6	2.9	0.5	1.7	2.2	3592	67.3	17.5
	规模户	21.4	4.3	6.2	1.4	3.5	2638	60.2	21.9
	总体	7.7	3.3	2.2	1.6	2.6	3300	65.1	19.7
三省	普通户	2.1	4.2	0.9	1.6	1.9	3392	79.8	17.7
	规模户	28.4	6.2	8.4	1.5	2.0	2632	80.3	21.4
	总体	10.2	4.9	3.2	1.6	2.0	3159	79.9	19.5

注：地块质量由林农自主比较评估，分三个等级，1=好，2=中，3=差，后同；数据来源为农户调查

根据前文所表述的，本研究通过农户调查，以 2015 年为基年，按照目前的经营强度和劳动力配置情况，尽可能地收集了林农一个营林轮伐期内的完整投入数据，然后根据 2015 年要素市场价格进行贴现，测算了林农一个营林轮伐期内的营林投入净现值(表 4-4)。从营林的生产过程环节来看，根据本研究调查，在单个轮伐期内，林农的经营成本主要包括三部分[①]：①种植成本。包括第一年林地整理、种植和施肥用工成本，种苗购买成本，以及化肥成本。种植一年后，林农一般都会选择在第二、三或第四年进行补植，以保证杉木存活率，补植数量一般为初次种植的 10%～20%。从表 4-3 中可以发现，由于在最大地块上普通户相较于规模户具有较高的平均种植密度，因此三省普通户的单位面积户均种植成本高于规模户。②抚育成本。该成本包括抚育期间的劳动力成本和化肥、农药等农资成本。森林抚育是从造林到成熟以前的森林培育过程中，为保证幼林成活、促进林木生长、改善林木组成和品质及提高森林生产率所采取的措施，包括割灌除草、修枝、施肥等具体措施。林农主要在第二、三或第四年进行除草、施肥等人工抚育，此外在第 8～12 年部分林农会进行间伐抚育。相关研究表明，科学地进行森林抚育，能有效地保持林分的理想树种组成，提升目标树种生长速度，提高林分生长量(欧阳君祥，2015；李宇昊，2013)。为了促进杉木产出和收益，规模户往往比普通户在抚育环节投入更多的精力，三省规模户单位面积户均抚育成本比普通户高 8.9%，尤其在福建省规模户单位面积户均抚育成本比普通户高 38.5%。③采伐成本。这部分主要是采伐阶段的劳动力成本。采伐主要有间伐与主伐两个营林环节，其投入内容主要包括杉木采伐中的人工投入。规模户与普通户单位面积户均采伐成本没有明显差异。

从生产要素结构来分析，在单个轮伐期内，林农的经营成本主要包括两部分：①劳动力成本。区别于农业生产主要在平原地区，较容易实现机械化的特点，南方集体林区地形以丘陵为主，机械对劳动力的替代性较差，整个营林过程需要投入大量的劳动力成本，三个样本省单位面积户均劳动力成本占单位面积户均营林总成本比例达到 61.6%，其中三省规模户的单位面积户均劳动力成本要小于普通户，这符合规模效应的特点。从劳动力结构来看，目前三省无论是规模户还是普通户都仍以自投工为主，占户均劳动力总成本的 64.0%。规模户由于营林面积的增加，雇工成本在劳动力总成本中比例加

① 本研究以 2015 年为基年，重点根据农户的种植经验了解杉木一个完整营林轮伐期的单位营林投入用工量。所涉及的营林成本则根据相应的年份以年贴现率 2%(2015 年国内主要银行平均 1 年期存款利率)进行贴现到基年计算获得。

表 4-4　不同规模林农最大地块一个营林轮伐期内的营林投入净现值统计

林区	分组	成本投入阶段划分			成本投入结构划分							单位面积户均总成本净现值/(元/hm^2)
					劳动力成本净现值				生产资料成本净现值			
		单位面积户均种植成本净现值/(元/hm^2)	单位面积户均抚育成本净现值/(元/hm^2)	单位面积户均采伐成本净现值/(元/hm^2)	单位面积户均劳动力总成本①/(元/hm^2)	单位面积户均自投工/(工/hm^2)	单位面积户均雇工成本/(元/hm^2)	单位面积户均雇工投工/(工/hm^2)	单位面积户均种苗成本/(元/hm^2)	单位面积户均地租成本②/(元/hm^2)	单位面积户均其他农资成本③/(元/hm^2)	
浙江	普通户	17 051	13 025	9 710	36 137	173	12 432	91	1 648	14 342	2 001	54 128
	规模户	15 728	14 396	7 929	33 277	109	16 357	120	1 512	15 960	3 264	54 013
	总体	16 651	13 440	9 171	35 273	145	13 618	100	1 606	14 831	2 383	54 093
福建	普通户	12 521	10 912	15 287	30 758	170	6 214	45	1 426	18 417	6 423	57 024
	规模户	11 142	15 113	22 045	37 778	107	21 179	140	1 069	19 319	9 692	67 858
	总体	12 074	12 274	17 479	33 035	140	11 068	85	1 310	18 709	7 483	60 538
江西	普通户	13 108	9 447	16 178	29 913	192	7 056	60	2 018	15 813	6 809	54 547
	规模户	10 880	6 270	15 019	26 546	161	8 554	115	979	16 650	4 644	48 819
	总体	12 425	8 473	15 823	28 880	180	7 515	90	1 695	16 070	6 145	52 791
三省	普通户	15 668	12 090	11 682	34 238	182	10 539	70	1 673	15 240	3 511	54 661
	规模户	14 122	13 166	11 566	32 938	135	15 895	131	1 346	16 659	4 612	55 555
	总体	15 194	12 420	11 646	33 839	158	12 182	97	1 572	15 675	3 849	54 936

注：数据来源为农户调查；①劳动力总成本包括了自用工和雇工成本，其中自用工成本根据当地营林劳动力在某营林环节的市场价格作为影子价格测算得到。劳动力价格随着营林环节的不同而有所区别，2015 年浙江的造林和抚育平均工价为 140 元/工，采伐平均工价保持在 180 元/工；福建的造林和抚育平均工价为 140 元/工，采伐平均工价在 150 元/工，江西的造林和抚育平均工价为 100 元/工，采伐平均工价保持在 120 元/工；②如果农户的最大地块是承包山经营形式，则通过调查表中收集的承包合同流转价格信息获取。大部分普通户最大地块主要是自留山经营形式，这部分普通户的地租成本即以村访谈中的不同立地条件（优等地、中等地和劣等地）的土地流转价格作为影子价格计算获取；③其他农资成本包括了化肥、农药、采伐设备中所需要的燃料成本及其他可能的生产资料成本

大，三个样本省规模户单位面积户均雇工成本占其单位面积户均劳动力总成本的 28.6%，该比例比普通户高 9.3 个百分点。相对于农业而言，林业经营较为粗放，所需要的工作任务没有农业那么繁重和专业复杂，因此规模户也会自己承担一定的劳动任务。②生产资料成本。杉木营林中的生产资料成本包括种苗成本、地租成本及其他农资成本(包括化肥、农药、采伐设备所需要的燃料成本及其他可能的生产资料成本)。由于林业生产技术基础较为薄弱，所调查的林农在杉木营林中基本都没有林业机械化和灌溉设备投入。其中三省林农单位面积户均地租成本在生产资料成本中所占比例最高，占 74.3%，其中规模户出于经济效益考虑往往承包立地条件较好的林地，因此单位面积户均地租成本也就高于普通户；在种苗成本方面，由于普通户选择密植的种植方式，因此其单位面积户均种苗成本相对于规模户高 24.3%；在其他农资成本投入方面，为了提高出材量，规模户相对于普通户更重视化肥等农资投入，同时由于采伐量较多，也会更多地采用油锯等较为现代的采伐设备，从而带来了更多的汽油等燃料成本，因此规模户单位面积户均其他农资成本投入比普通户高 31.4%。

从单位面积的营林成本来判断，并没有发现规模户相对于普通户具有明显的成本优势，主要原因在于其承担了较高的地租、雇工和抚育环节中的农资成本。根据规模经济理论和国内外大量研究，规模户是否在农林业经营中存在规模经济趋势，更重要的是看不同规模农户在经营中单位产品成本的比较(许庆和尹荣梁，2010；许庆等，2011；李文明等，2015)，因为虽然单位面积营林成本增加，但是由此引起的抚育管理投入增多和生产效率进步带来的产出更多，则会降低其产品成本，实现规模经济。因此，笔者同时比较了不同规模林农最大地块一个营林轮伐期内的单位产品成本(表 4-5)，可以发现从平均而言，规模户的最大地块一个营林轮伐期内单位产品成本小于普通户，即具有一定的规模经济。

表 4-5　不同规模林农最大地块一个营林轮伐期内的单位产品成本比较

(单位：元/m^3)

林区	规模户				普通户			
	均值	标准差	最小值	最大值	均值	标准差	最小值	最大值
浙江	474	322	86	1672	515	309	99	2570
福建	402	129	205	721	447	316	166	1483
江西	419	144	202	718	478	267	152	1596
总体	453	274	86	1672	488	303	99	2570

注：数据来源为农户调查

4.3 不同规模林农私人经济效益和社会生态效益差异

4.3.1 不同规模林农私人经济效益的差异

为了合理地评价杉木营林的私人经济效益，根据第 3 章分析的缘由，笔者主要采用了单位面积营林产出和单位面积营林利润两个指标进行分析。

由于在营林的最终环节主伐中，会存在相应的损耗，因此营林的最终产出往往以出材量的形式计算，以真正反映木材的使用价值。考虑到采伐后的最终产品，笔者主要将单位面积材积作为衡量单位面积产出的主要指标。笔者主要通过农户调查，按照目前经营强度和营林经验，了解所有农户完全进入最终主伐期时预期的材积产出(表 4-6)。可以发现，三省规模户比普通户的单位面积材积量多 $14m^3/hm^2$；分省而言，进入主伐期后福建省规模户与普通户的单位面积平均材积量明显比其他两个样本省份高，分别达到了 $181m^3/hm^2$ 和 $188m^3/hm^2$。福建省是南方集体林区主要杉木产区，其水热条件适合杉木生长，从现有森林资源清查数据来看，2015 年福建省单位面积杉木蓄积量分别为浙江和江西的 1.5 倍和 1.6 倍，因此该数据符合客观事实。

与农业生产周期基本是在一年以内明显不同，杉木的营林周期一般都在 15 年以上，因此如果要准确测算林农的营林利润，需要对每个林农在不同年份的成本和收益进行逐一贴现。具体林农单位面积的营林利润净现值计算公式如下：

$$\pi_i = \frac{\dfrac{I_{it}}{(1+r)^i} - \sum \dfrac{C_{it}}{(1+r)^t}}{S_i} \tag{4-1}$$

式中，π_i 表示经济效益情况，本研究用最大地块单位面积营林利润净现值表示，由于林业生产周期较长，需要考虑贴现来解决[式(4-1)]，其中 I_{it} 代表第 i 个林农第 t 年的杉木营林收入；C_{it} 代表第 i 个林农第 t 年的营林成本，包括劳动力和生产资料成本，普通户中的自用工成本和自留山的地租机会成本也以相应的市场价格作为影子价格计入；S_i 代表第 i 个林农的营林面积；r、t 分别代表贴现率和轮伐期。

根据 2015 年木材市场价格①测算最大地块单位面积一个轮伐期的木材收

① 本研究收集了 2015 年案例省木材平均价格。三省的木材市场价格基本类似，保持在胸径 6cm 以下 300 元/m^3；6～8cm 为 800 元/m^3；8～12cm 为 850 元/m^3；12～20cm 为 900 元/m^3；20cm 以上为 1100 元/m^3。

入净现值(表 4-6)，三省普通户与规模户的最大地块单位面积一个轮伐期木材收入净现值没有显著差异；分省而言，由于福建省普通户和规模户预期材积较大，因此该省规模户和普通户最大地块单位面积一个轮伐期木材收入净现值最高，分别为平均水平的 1.4 倍和 1.5 倍。而浙江和江西虽然材积类似，但是其最大地块单位面积一个轮伐期木材收入净现值有一定的差异(其中浙江省规模户和普通户最大地块单位面积一个轮伐期木材收入净现值分别比江西省高 20.6%和 21%)。根据调查发现，主要的原因是两省样本户进入主伐期后的木材径级比存在差异，浙江省胸径 20cm 以上的木材材积比例比江西省高 15%，而由于不同径级的木材市场价格存在差异，导致两省进入主伐期后木材收入净现值的差异。

表 4-6 不同规模林农最大地块单位面积一个轮伐期的最终产出与利润净现值统计

指标	省份	规模户				普通户			
		平均值	标准差	最小值	最大值	平均值	标准差	最小值	最大值
单位面积材积/(m^3/hm^2)	浙江	143	51	45	300	127	49	19	308
	福建	181	54	86	285	188	46	90	330
	江西	132	50	51	255	129	44	45	240
	平均	151	53	45	300	137	53	19	330
单位面积收入净现值/(元/hm^2)	浙江	91 721	44 145	3 123	178 611	84 718	40 661	12 538	266 497
	福建	132 848	51 668	59 073	234 490	140 872	39 525	63 642	265 581
	江西	76 070	2 024	31 396	127 879	69 932	34 118	20 484	171 959
	平均	92 932	2 688	13 123	234 490	91 253	45 264	12 538	266 497
一个轮伐期最大地块单位面积利润净现值/(元/hm^2)	浙江	30 322	54 221	−98 829	119 858	31 686	41 490	−60 396	222 698
	福建	64 940	47 537	−25 069	161 623	84 193	38 147	−634	205 011
	江西	34 211	2 679	−13 191	79 691	13 124	33 279	−61 334	119 252
	平均	36 735	42 130	−98 829	61 623	37 007	45 169	−61 334	222 698

注：数据来源为农户调查

从不同规模林农最大地块单位面积一个轮伐期利润净现值来看(表 4-6)，三省平均而言，普通户最大地块单位面积一个轮伐期的营林利润净现值(37 007 元/hm^2)要高于规模户(36 735 元/hm^2)，从上述的成本结构和产出分析中可以发现，由于在营林成本中规模户的地租成本和其他农资成本要明显高于普通户，直接导致了三省规模户最大地块单位面积一个轮伐期的平均营林利润净现值比普通户低。分省而言，由于三省样本户最大地块平均单位面积营林成本净现值差异不大(表 4-4)，但是福建的木材收入净现值显著高于其他两个样本省，导致福建省规模户与普通户的单位面积一个轮伐期营林利润净现值最高。但也可以发现，将自用工成本和自留山地租作为机会成本计入以后，部分林农最大地块单位面积一个轮伐期的营林利润净现值出现了负值，意味着如果考虑机会成本的话，很多林农的经营其实是处于亏损状态的，这再次表明营林利润的微薄。

4.3.2 不同规模林农社会生态效益的差异

根据第 3 章变量指标采用的依据分析，本书选取杉木的碳汇价值来衡量不同规模林农杉木营林中产生的生态效益。

要计算杉木的碳汇价值首先需要计算杉木的生物量。个体和大区域层面的森林生物量的估算一直是生态学研究领域关注的焦点，其方法已从材积比值法、蓄积量转化法发展到生物量转换因子法，但其方法对区域生物量的估算仍存在较大局限性(Kurz and Apps，1993；Fang et al.，1998)。方精云和徐嵩龄(1996)提出了森林生物量估计转换因子连续函数法，并给出了生物量与蓄积量模型及各优势树种的计算参数，克服了生物量转换因子法转换参数静态的缺点，沿用至今，一直是较为通用的测算树种生物量的方法。因此，本研究采用该转换因子连续函数法来测度不同规模林农营林的单位面积生态效益，其中杉木生物量模型构成如下：

$$Biomass_{jt} = a_i V_{jt} + b_i \tag{4-2}$$

式中，$Biomass_{jt}$ 表示第 j 个林农经营杉木在采伐期 t 年产生的单位面积生物量；V_{jt} 代表第 j 个林农经营杉木在采伐期 t 年的单位面积蓄积；a_i 和 b_i 均为杉木转化模型参数，a_i=0.3999，b_i=22.5410。

在此基础上，基于陈美球和蔡海生(2015)使用的蓄积量法可以测算杉木的碳汇价值，具体公式如下：

$$C_{jt} = P_{CO_2} \times Biomass_{jt} \times {C_c}/{T_o} \tag{4-3}$$

式中，C_{jt} 代表第 j 个林农经营杉木在采伐期 t 年产生的碳汇价值；P_{CO_2} 为 2015 年二氧化碳的市场交易价格，笔者根据 2015～2017 年全国碳市场配额价格数据和 Yang 等(2018)的研究成果，采用 32.27 元/t CO_2 作为本书使用的二氧化碳市场交易价格；C_c 代表案例树种杉木的含碳率，根据陈美球和蔡海生(2015)的研究，杉木的含碳率在 0.52，T_o 为碳元素分子质量在 CO_2 分子质量中所占的比例，约为 27.3%。

根据式 4-3，通过调查获取的林农在主伐期预期的单位面积蓄积，可以最终换算得到不同规模林农最大地块进入主伐期时的单位面积碳汇价值(表 4-7)。经计算发现，三省平均而言，规模户最大地块进入主伐期时的单位面积碳汇价值比普通户多 223 元/hm^2。三省之中，福建省规模户和普通户最大地块进入主伐期时的单位面积碳汇价值最高，分别为 7420 元/hm^2 和 8151 元/hm^2。

表 4-7 不同规模林农最大地块进入主伐期时的单位面积碳汇价值统计

（单位：元/hm^2）

林区	规模户				普通户			
	平均值	标准差	最小值	最大值	平均值	标准差	最小值	最大值
浙江	6 567	1 382	2 496	12 467	5 508	1 701	2 016	10 990
福建	7 420	1 728	4 342	10 620	8 151	1 676	5 081	13 575
江西	5 908	1 727	3 234	10 620	5 548	2 028	2 496	8 525
总体	6 346	1 647	2 496	12 467	6 123	1 962	2 016	13 575

注：数据来源为农户调查

4.4 小结

基于上述分析，本章可以得到以下几点结论。

1) 南方集体林区十省是中国人工林资源主要分布区域，是中国重要的木材供应及加工基地，是我国的重要生态屏障，但各省之间社会经济发展差异明显。作为本书的样本省，自 2006 年南方集体林区林权制度改革全面推进以来，浙江、福建和江西在推动林地流转、促进林业规模化经营和林业产业发展上取得了丰硕的成绩。

2) 规模户与普通户在用材林经营目标上存在差别。规模户一般以培育大径材为经营目标，而普通户一般以培育小径材为主。因此在种植选择和地块立地条件上存在区别，规模户地块的种植密度明显低于普通户，在林地质量条件上优于普通户。

3) 规模户相对于普通户承担更高的单位面积营林成本，且在投入环节上两者存在一定的区别，但规模户的单位产品成本要小于普通户。三省规模户的平均单位面积营林成本净现值要高于普通户，主要的原因在于其承担了较高的雇工和地租成本。而在营林成本投入环节方面，普通户由于重视密植带来了较高的种植成本，而规模户则更重视营林抚育管理，带来了较高的抚育成本。规模户的单位产品成本要小于普通户，体现规模户具有一定的规模经济。

4）三省规模户和普通户的经济效益及生态效益有一定的差异。规模户最大地块单位面积材积量和碳汇价值平均值要高于普通户，但是由于规模户承担了较高的雇工和地租成本，普通户最大地块单位面积营林利润净现值的平均值高于规模户。三省比较来看，福建省由于是杉木的主要产区，其样本点不同规模林农的单位面积材积、收入、利润净现值及碳汇价值都要高于其他两省。

5 非农就业、雇工劳动对不同规模林农营林效益影响的异质性

本章主要分析非农就业、雇工劳动对不同规模林农营林效益的影响机制，重点考察山区林农非农就业状况和规模化经营雇工增加导致的劳动质量下降是否是林农营林所产生的私人经济效益及社会生态效益的重要影响因素，以及对于同规模林农产生的影响是否存在异质性。本章主要分为三个部分，首先基于样本县市林农杉木营林调查数据，对非农就业、雇工劳动与不同规模林农营林私人经济效益和社会生态效益的关系进行描运性统计，发现其中的变化趋势；其次运用计量经济模型分别分析非农就业、雇工劳动对不同规模林农营林效益影响的异质性及其作用机制；最后对本章内容进行了小结。

5.1 非农就业、雇工劳动与不同规模林农营林效益描述性统计

本节基于第 2、3 章所重点阐述的本书理论分析框架、研究假说和核心变量选择，重点讨论的是在山区林农大量劳动力转移背景下，非农就业对于不同规模林农营林效益影响的异质性，以及在此背景下，由规模化经营雇工数量增加所带来的“道德风险”问题对于不同规模林农营林效益影响的异质性。因此，为了判断非农就业、雇工劳动与不同规模林农营林效益的变化关系，首先对其之间进行了交叉统计。

5.1.1 非农就业、雇工劳动与不同规模林农营林经济效益的交叉统计

从非农就业时间与不同规模林农营林经济效益的关系来看（表 5-1），规模户家庭劳动力人均非农就业时间与其营林的最大地块户均单位面积产出（材积）和利润净现值都没有明显线性关系，其在家庭劳动力人均非农就业时间 6～9 个月时的最大地块户均单位面积营林产出（材积）和利润净现值最高，分别为 146m^3/hm^2 和 40 079 元/hm^2；而普通户随着家庭劳动力人均非农就业时间的延长，其营林最大地块户均单位面积产出（材积）和户均单位面积利润净

现值都呈下降趋势。

表 5-1　不同规模林农非农就业指标及雇工投入比例与其营林经济效益的交叉统计

关键变量	指标分类	规模户		普通户	
		最大地块户均单位面积材积/(m^3/hm^2)	最大地块户均单位面积利润净现值/(元/hm^2)	最大地块户均单位面积材积/(m^3/hm^2)	最大地块户均单位面积利润净现值/(元/hm^2)
家庭劳动力人均非农就业时间/月	≤1	141	31 458	152	45 147
	(1～3]	138	25 968	144	36 529
	(3～6]	142	35 689	132	36 238
	(6～9]	146	40 079	130	33 619
	(9～12]	137	32 127	120	30 170
家庭人均非农收入排名①/%	≤25	160	48 754	134	31 324
	(25～50]	138	43 174	133	36 509
	(50～75]	138	32 067	143	47 536
	(75～100]	138	21 681	137	29 176
家庭雇工投入占总劳动力投工比例/%	≤25	147	41 001	142	40 826
	(25～50]	139	34 773	130	30 600
	(50～75]	138	32 590	134	36 183
	(75～100]	138	26 374	134	34 265

数据来源为农户调查；①将样本点样本户家庭人均非农收入由高到低进行排列，取前 25%、25%～50%、50%～75%、75%～100%区间统计分析

从家庭非农收入与不同规模林农营林经济效益的关系来看（表 5-1），随着规模户家庭人均非农收入的增多，其营林的最大地块户均单位面积产出（材积）和利润净现值呈增长态势，而普通户则都没有明显的相关关系。对于规模户而言，在家庭人均非农收入排名前 25%区间的最大地块户均单位面积营林产出（材积）和利润净现值最高（分别达到 160m^3/hm^2 和 48 754 元/hm^2）；对于普通户而言，则是家庭人均非农收入排名前 50%～75%的林农，最大地块户均单位面积营林产出（材积）和营林利润净现值最高（分别为 143m^3/hm^2 和 47 536 元/hm^2）。

从雇工投入占总劳动力投工比例与不同规模林农营林经济效益的关系来看（表 5-1），随着规模户中雇工投入占总劳动力投工比例的提高，其最大地块户均单位面积营林产出（材积）和利润净现值均呈下降趋势，这与理论假说相符。而普通户的雇工投入占总劳动力投工比例与其最大地块户均单位面积营林产出（材积）和利润净现值没有明显线性关系。

5.1.2 非农就业、雇工劳动与不同规模林农营林生态效益的交叉统计

从非农就业时间与不同规模林农营林生态效益的关系来看(表5-2)，规模户家庭劳动力人均非农就业时间与其营林的最大地块户均单位面积碳汇价值没有明显线性关系，其在“家庭劳动力人均非农就业时间6～9个月”时的最大地块户均单位面积营林碳汇价值最高，为6127元/hm^2；而普通户则随着家庭劳动力人均非农就业时间的延长，则其最大地块户均单位面积营林碳汇价值大体上呈下降趋势，其中在“家庭劳动力人均非农就业时间9～12个月”时，最大地块户均单位面积营林碳汇价值最小，为5404元/hm^2。

表5-2 不同规模林农非农就业指标及雇工投入比例与其营林生态效益的交叉统计

关键变量	指标分类	最大地块户均单位面积碳汇价值(元/hm^2)	
		规模户	普通户
家庭劳动力人均非农就业时间/月	≤1	6040	6648
	(1～3]	5800	6191
	(3～6]	5897	6116
	(6～9]	6127	5973
	(9～12]	5703	5404
家庭人均非农收入排名/%	≤25	6495	6402
	(25～50]	5990	6123
	(50～75]	5885	6087
	(75～100]	5735	5761
家庭雇工投入占总劳动力投工比例/%	≤25	6136	6249
	(25～50]	5984	5981
	(50～75]	5931	6047
	(75～100]	5465	6065

注：数据来源为农户调查

从家庭非农收入与不同规模林农营林生态效益的关系来看(表5-2)，规模户家庭人均非农收入与其营林的最大地块户均单位面积碳汇价值呈明显的正相关关系，其中的原因在于，非农就业收入越高，规模户就越不会依赖木材的采伐收入，采伐期延长导致森林的蓄积和生物量增加，从而带来碳汇价值的提升。而普通户家庭人均非农收入也与其营林的最大地块户均单位面积碳

汇价值呈正相关关系，家庭人均非农收入最小的林农往往其最大地块户均单位面积碳汇价值也最小(规模户和普通户分别为 5735 元/hm^2 和 5761 元/hm^2)，意味着林农对于采伐木材获取收入的依赖性增强。

从雇工投入占总劳动力投工比例与不同规模林农营林生态效益的关系来看(表 5-2)，规模户的雇工投入占总劳动力投工比例与其最大地块户均单位面积营林碳汇价值呈负相关关系，即随着规模户中雇工投入占总劳动力投工比例的提高，其最大地块户均单位面积营林碳汇价值呈下降趋势，而普通户的雇工投入占总劳动力投工比例与其最大地块户均单位面积营林碳汇价值没有明显线性关系。

5.2 非农就业、雇工劳动对不同规模林农营林效益的影响

上述交叉统计分析，由于没有剔除其他因素对不同规模林农营林效益的影响，无法准确分析出非农就业、雇工劳动对于不同规模林农营林效益影响的异质性及其作用机制，因此需要构建计量经济模型进一步加以说明。

5.2.1 计量经济模型和变量指标选取

根据本书第 3 章表 3-1 中的模型构建和变量选择，采用供给反应模型来分析非农就业、雇工劳动对不同规模林农营林效益的影响机制，具体模型形式如下：

$$Q_{it} = \alpha_0 + \phi HL_{it} + \varphi Loff_{it} + \delta Land_i + \lambda Policies_i + \gamma X_{it} + \varepsilon_i \tag{5-1}$$

$$P_{it} = \alpha_0 + \phi HL_{it} + \varphi Loff_{it} + \delta Land_i + \lambda Policies_i + \gamma X_{it} + \varepsilon_i \tag{5-2}$$

$$V_{eit} = \alpha_0 + \phi HL_{it} + \varphi Loff_{it} + \delta Land_i + \lambda Policies_i + \gamma X_{it} + \varepsilon_i \tag{5-3}$$

其中，前两个方程都是讨论非农就业、雇工劳动对于不同规模林农营林经济效益影响的模型，被解释变量 Q_{it} 表示林农 i 在其最大经营地块采伐期 t 的单位面积材积，P_{it} 表示林农 i 在其最大经营地块采伐期 t 的单位面积营林利润净现值；最后一个方程是讨论非农就业、雇工劳动对于不同规模林农营林生态效益影响的模型，被解释变量 V_{eit} 表示林农 i 在最大经营地块采伐期 t 的单位面积碳汇价值。

关键解释变量中，HL_{it} 表示林农 i 在该地块整个轮伐期中的雇工投入占总劳动力投工比例，用以反映雇工的劳动质量问题；$Loff_{it}$ 是衡量林农 i 家庭

2015 年的非农就业情况的变量，该变量包括后文中提到的家庭成员是否存在非农就业、家庭劳动力人均非农就业时间和家庭非农收入水平。其中，“家庭成员是否存在非农就业”(家庭成员人均连续非农就业时间超过 1 个月的即被认为是非农就业户)主要反映了非农就业所带来的综合效应对不同规模林农营林经济效益的影响，而“家庭劳动力人均非农就业时间”和“家庭非农收入水平”两个指标反映林农非农就业带来的劳动力流失效应和收入效应分别对不同规模林农营林经济效益和生态效益的影响。

其他控制变量方面，$Land_i$ 表示林农 i 最大地块的经营特征，包括该地块的面积大小，地块离最近公路的距离(用以反映地块经营的便利性①)，该地块权属是否为承包山和产权期限(针对规模户存在林地流转行为，用以反映林农地块经营的产权安全性②)，该地块的种植密度(用来反映杉木经营强度和技术手段③)，以及地块的立地条件(用以反映土地的立地质量④)。$Policies_i$ 为政策变量，代表林农 i 是否享受到外部的林业补贴政策⑤，外部政策扶持将有效提高林农营林的积极性。X_{it} 代表其他控制变量，包括林农家庭社会特征(户主年龄、受教育程度和家中是否有人担任村干部)及地区虚拟变量，用来反映区域所造成的林地差异；ε_i 为符合独立同分布的随机扰动项；α_0 为常数项；ϕ、φ、δ、λ、γ 等为待估系数。

---

① 大量学者采用该指标来反映地块经营的便利性，并用该指标来反映地块层面农户经营水平和效率，或用该指标来反映退耕还林等林业生态工程的土地选择问题(李彧挥等，2007；刘会静等，2014)。

② 农村土地产权制度安排对农林业生产绩效和农林地规模经营均存在显著影响，赋予农户完整的林地权利可以增加林地投资收益实现的可能性(宋辉和钟涨宝，2013；钟文晶和罗必良，2013)，而产权的期限性和可交换性是衡量完整产权的重要指标(沈月琴等，2011)。2003 年开始的新一轮林改通过赋权、权属证明核发、明确和稳定林地承包期等措施提高了农户的林地产权完整性和安全性(自留山形式保持长期不变，责任山保持 70 年不变)。在指标选择方面，大量学者用参与土地承包租赁市场的行为来反映农户对于产权安全的预期(田传浩和贾生华，2004；Jin and Deininger，2009；马贤磊和曲福田，2010)，本研究中存在规模户林地流转等情况，因此用林地权属是否为承包经营来反映地块产权安全性。

③ 从上文分析可得，林分种植密度与单位面积产量和生物量有密切的关系，且与培育不同径级的木材有关，继而影响到林分的生物量；适当密植对有些树种的高生长有促进作用，但是在营林中经营主体追求过大的林分密度会导致树高生长显著下降，导致单株材积下降(叶功富等，1995 陈代喜和莫泽莲，2001)。因此在模型中不但加入一次项，而且加入二次项来考察农户种植密度的合理性。

④ 大量研究表明立地质量与杉木等用材林的林分生长能力有密切关系(刘应安和洪岩，1998；周国模等，2001)。用材林，特别是纯人工林等，多在生长模型测算和选地造林等方面将立地条件作为重要因子加以考虑(蔡会德等，2006)。

⑤ 自 2009 年开始，中央财政相继在国有和集体林区推出了造林补贴、森林抚育补贴、林木良种补贴、森林保险保费补贴、林机具购置补贴等林业补贴项目政策(后简称“林补政策”)以提高农户营林积极性，促进森林资源可持续经营。其中造林补贴政策上，乔木林和木本油料经济林荒山造林补贴标准为 3000 元/hm^2，迹地人工更新补贴标准为 1500 元/hm^2；抚育补贴政策上，补贴标准为 1500 元/hm^2。

5.2.2 非农就业、雇工劳动对不同规模林农营林经济效益的影响

在模型 1 中(表 5-3)，从非农就业、雇工劳动对不同规模林农单位面积营林材积影响的综合效应模型估计结果来看，关键变量中，在考虑其他因素不变情况下，非农就业对于规模户的单位面积营林材积在 5%水平上有显著正向影响，即非农就业对于规模户营林产出有显著正向效应，这与研究假说 1 相符，主要原因是规模户可以借助自身禀赋通过大量雇工解决劳动力不足的情况。与研究假说 4 相符的是，由于规模户存在大量的雇工行为(最大地块雇工投入占总劳动力投工的 46.9%，15 895 元/hm^2)，在其他因素不变情况下，由于雇工行为中道德风险问题的存在，雇工投工比例的增加对于规模户的单位面积营林材积在 1%水平上有显著负向影响，地块雇工投入占总劳动力投工的比例每增加 1%，规模户的单位面积营林材积减少 3.180m^3/亩。与之相反，在考虑其他因素不变情况下，非农就业对普通户单位面积营林材积在 10%水平上有显著负向影响，这与研究假说 1 符合。同时，由于普通户并不存在大量的雇工行为(最大地块雇工投入占总劳动力投工的 29.8%)，因此雇工所带来的道德风险问题在普通户中并没有对单位面积营林材积产生显著影响。

表 5-3　非农就业、雇工劳动对不同规模林农单位面积营林材积影响的模型估计结果

变量指标	被解释变量：单位面积营林产出(材积)/(m^3/亩)			
	分效应		综合效应	
	规模户	普通户	规模户	普通户
关键变量				
家庭非农收入/元	$3.8\times10^{-7**}$ (1.51×10^{-7})	1.07×10^{-6} (2.11×10^{-6})	—	—
家庭劳动力人均非农就业时间/月	0.106 (0.082)	-0.103^{*} (0.054)	—	—
是否非农就业(1=是；0=否)	—	—	1.750^{**} (0.751)	-0.808^{*} (0.447)
雇工投入占总劳动力投工比例/%	-3.284^{**} (1.232)	0.255 (0.809)	-3.180^{***} (1.189)	0.127 (0.808)
地块经营特征变量				
单位面积种植密度/(株/亩)	0.062^{***} (0.017)	0.020^{**} (0.010)	0.059^{***} (0.016)	0.020^{**} (0.010)

续表

变量指标	被解释变量：单位面积营林产出(材积)/(m^3/亩)			
	分效应		综合效应	
	规模户	普通户	规模户	普通户
单位面积种植密度的平方	$-1.00\times10^{-4***}$	$-3.52\times10^{-5*}$	$-9.78\times10^{-5***}$	$-3.58\times10^{-5*}$
	(3.35×10^{-5})	(2.10×10^{-5})	(3.25×10^{-5})	(2.10×10^{-5})
最大地块经营年限/年	0.002	0.051	−0.029	0.050
	(0.079)	(0.047)	(0.067)	(0.047)
最大地块面积/亩	−0.001	−0.009	−0.001	−0.007
	(0.001)	(0.011)	(0.001)	(0.011)
最大地块离最近公路距离/km	0.097	0.021	0.117	0.022
	(0.084)	(0.083)	(0.081)	(0.083)
最大地块立地质量(以质量中等为参照组)				
好	0.401	0.837**	0.470	0.832**
	(0.678)	(0.401)	(0.637)	(0.400)
差	−0.788	−0.235	−0.680	−0.239
	(1.047)	(0.605)	(1.029)	(0.604)
最大地块产权形式				
(承包山=1；非承包山=0)	2.354**	—	2.030**	—
	(0.808)		(0.790)	
外部政策变量				
(享受林业补贴政策=1；没有享受林业补贴政策=0)	0.187	−0.603	0.228	−0.594
	(0.499)	(0.380)	(0.484)	(0.378)
林农家庭特征变量				
家中是否有人担任村干部(1=是；0=否)	1.262**	0.229	1.157*	0.249
	(0.632)	(0.412)	(0.614)	(0.412)
户主受教育程度(以小学为参照组)**及年龄**				
初中	−1.409**	0.216	−1.421**	0.223
	(0.698)	(0.425)	(0.684)	(0.425)
高中	−2.615*	0.268	−2.687*	0.419
	(1.471)	(0.877)	(1.445)	(0.877)
户主年龄/岁	−0.043	−0.021	−0.030	−0.020
	(0.035)	(0.022)	(0.035)	(0.022)

续表

变量指标	被解释变量：单位面积营林产出(材积)/(m^3/亩)			
	分效应		综合效应	
	规模户	普通户	规模户	普通户
地区变量(以浙江省为参照组)				
福建省	2.809***	4.717***	3.611***	4.550***
	(1.063)	(0.856)	(1.120)	(0.849)
江西省	−1.908*	0.806	−1.509	0.626
	(1.077)	(0.820)	(1.054)	(0.811)
常数项	3.628	6.393***	3.028	6.522***
	(3.426)	(2.083)	(3.367)	(2.085)
样本数	138	312	138	312
R平方	0.321	0.238	0.338	0.237

***代表在1%水平上显著，**代表在5%水平上显著，*代表在10%水平上显著，括号内数据为标准误差

其他控制变量方面，地块经营特征上，在其他变量不变情况下，种植密度的确与规模户和普通户单位面积营林材积有一个显著的倒“U”形关系，说明对不同规模林农而言的确存在一个最适的种植密度。从地块产权形式来看，规模户往往对于流转而来的承包山更为重视，其单位面积营林材积相对于非承包山而言更多，林地承包存在一定的产权期限和流转成本，规模户对于此类承包山经营更为重视，由此产生了差异化的影响。在外部政策变量上，由于现有的林业补贴政策历时较短，而营林又属于长周期的产业，因此政策支持对于不同规模单位面积营林材积没有显著影响。地区变量上，在其他变量不变情况下，福建省的规模户与普通户的单位面积营林材积显著高于参照组浙江省(分别比浙江省的规模户和普通户高3.611m^3/亩和4.550m^3/亩)。福建省是南方集体林区森林蓄积最高和商品材产量最多的省份，所选择的样本县也是福建省的重点林区县市，所以相对于非农就业多和社会经济发达的浙江省，在传统用材林经营上存在一定的比较优势。

利用分效应模型可以进一步分析非农就业对不同规模林农单位面积营林材积影响的原因及具体效应影响。规模户非农就业对其单位面积营林材积有显著正向影响的原因是非农就业的收入效应。规模户通过非农就业带来的收入缓解了其对林业收入的依赖，不急于采伐变现弥补其巨大的营林初始投入，

他们可以进一步延长轮伐期，培育大径材导致其营林产出的增加。普通户非农就业对其单位面积营林材积有显著负向影响的原因在于非农就业所带来的劳动力流失效应。由于普通户家庭劳动力资源稀缺，林农会将家庭劳动力资源配置到投资报酬率更高的非农就业中。普通户家庭虽然具有了非农家庭收入来源，但是劳动力流动约束更为明显，因此这部分非农劳动时间的增加直接导致了普通户提前采伐换取木材收入，放松家庭流动性约束，轮伐期缩短带来了单位面积营林材积的减少，该原因是否成立将在第 6 章进一步详细论证。

在模型 2(表 5-4)中，从非农就业、雇工劳动对不同规模林农单位面积营林利润净现值影响的综合效应模型估计结果来看，关键变量中，在考虑其他因素不变情况下，非农就业的规模户对其单位面积营林利润净现值在 1%水平上有显著影响，即非农就业对于规模户营林利润净现值有正向效应作用，这与研究假说 2 相符，具体原因与模型 1 结果类似。与研究假说 5 相符的是，同样由于规模户存在大量的雇工行为，在其他因素不变情况下，由于雇工行为中道德风险问题的存在，雇工投工比例的增加对于规模户的单位面积营林利润净现值在 1%水平上有显著负向影响，地块雇工投入占总劳动力投工的比例每增加 1%，规模户的单位面积营林利润净现值减少 3043 元/亩。

表 5-4 非农就业、雇工劳动对不同规模林农单位面积营林利润净现值影响的模型估计结果

变量指标	被解释变量：单位面积营林利润净现值/(元/亩)			
	分效应		综合效应	
	规模户	普通户	规模户	普通户
关键变量				
家庭非农收入/元	$7.57\times10^{-4**}$ (3.08×10^{-4})	3.94×10^{-5} (1.74×10^{-3})	—	—
家庭劳动力人均非农就业时间/月	−70.300 (70.570)	-70.750^{**} (35.430)	—	—
是否非农就业(1=是；0=否)	—	—	2065^{***} (580.6)	-657.3^{*} (368.1)
雇工投入占总劳动力投工比例/%	-2812^{***} (943.2)	−617.50 (667.70)	-3043^{***} (919.1)	−718.7 (665.7)
地块经营特征变量				
单位面积种植密度/(株/亩)	42.530^{***} (13.08)	12.570 (8.236)	40.95^{***} (12.52)	12.980 (8.224)

续表

变量指标	被解释变量：单位面积营林利润净现值/(元/亩)			
	分效应		综合效应	
	规模户	普通户	规模户	普通户
单位面积种植密度的平方	−0.081***	−0.0191	−0.079***	−0.020
	(0.024)	(0.0173)	(0.025)	(0.017)
最大地块经营年限/年	47.830	119.1***	97.320*	120.4***
	(55.260)	(38.680)	(51.970)	(38.62)
最大地块面积/亩	−2.463**	−3.629	−2.207**	−2.820
	(1.024)	(9.258)	(1.018)	(9.192)
最大地块离最近公路距离/km	−11.350	−46.680	18.380	−42.85
	(65.560)	(68.850)	(62.260)	(68.65)
最大地块立地质量(以质量中等为参照组)				
好	660.1	111.3	769.9	107.2
	(507.5)	(330.7)	(492.3)	(329.8)
差	672.0	−305.9	748.6	−309.1
	(820.2)	(499.7)	(795.0)	(497.6)
最大地块产权形式				
(承包山=1；非承包山=0)	1641**	—	1532**	—
	(632.9)		(610.3)	
外部政策变量				
(享受林业补贴政策=1；没有享受林业补贴政策=0)	154.1	−80.79	132.2	−81.78
	(402.3)	(314.1)	(373.9)	(311.8)
林农家庭特征变量				
家中是否有人担任村干部(1=是；0=否)	653.2	691.8**	635.6	705.4**
	(560.3)	(340.4)	(474.8)	(339.5)
户主受教育程度(以小学为参照组)**及年龄**				
初中	−806.4	348.6	−826.4	362.5
	(546.7)	(351.0)	(528.7)	(350.7)
高中	−3280***	−491.1	−3368***	−360.7
	(1153)	(723.6)	(1117)	(722.9)
户主年龄/岁	−35.50	−7.044	−19.16	−6.430
	(27.54)	(18.36)	(26.98)	(18.25)
地区变量(以浙江省为参照组)				
福建省	2537***	3720***	3546***	3627***
	(834.1)	(706.8)	(865.6)	(700.1)

续表

变量指标	被解释变量：单位面积营林利润净现值/(元/亩)			
	分效应		综合效应	
	规模户	普通户	规模户	普通户
江西省	−1501*	−883.1	−832.1	−977.0
	(843.7)	(677.3)	(814.6)	(668.2)
常数项	−2742	3771**	−595.9	3882**
	(2684)	(1720)	(2602)	(1718)
样本数	138	312	138	312
R平方	0.350	0.299	0.383	0.300

***代表在1%水平上显著，**代表在5%水平上显著，*代表在10%水平上显著，括号内数据为标准误差

与之相反，在考虑其他因素不变情况下，非农就业的普通户对其单位面积营林利润净现值在10%水平上有显著负向影响，与研究假说2相符。同时，由于普通户并不存在大量的雇工行为，因此雇工所带来的道德风险问题在普通户中并没有对单位面积营林利润净现值产生显著影响。

在其他控制变量方面，在地块经营特征上，与单位面积材积影响类似，在其他变量不变情况下，种植密度也与规模户单位面积营林利润净现值有一个显著的倒“U”形关系，说明对规模户而言的确存在一个最适的种植密度，而对普通户则没有。从地块产权形式来看，规模户往往对于流转而来的承包山更为重视，其单位面积材积相对于非承包山而言更多。产权期限性的延长，有助于规模户获得更多的营林利润，这再次证明了产权安全的重要性。在外部政策变量上，出于与第一个模型类似的原因，同样无法发现政策支持对于不同规模单位面积营林利润净现值有影响的证据。在地区变量上，基于同样原因，在其他变量不变情况下，福建省的规模户与普通户的单位面积营林利润净现值显著高于参照组浙江省(分别比浙江省的规模户和普通户高3546元/亩和3627元/亩)。

利用分效应模型可以进一步分析非农就业对不同规模林农单位面积营林利润净现值影响的原因及具体效应影响。普通户非农就业对其单位面积营林利润净现值有显著负向影响的原因同样在于非农就业所带来的劳动力流失效应，林农将家庭劳动力资源配置到投资报酬率更高的非农就业中。与第一个模型结合来看，一个可能的原因是出于追求林业收入变现从而释放家庭流动性约束的目标，普通户家庭劳动力人均非农就业时间的增加导致轮伐期提前，

使单位面积营林材积减少，这当然又影响到了单位面积营林利润净现值。与普通户不同，规模户非农就业对其单位面积营林利润净现值有显著正向影响的原因在于非农就业所带来的收入效应。规模户由于非农收入增加缓解了家庭预算约束，而且在营林后期投入较少的情况下，通过延长轮伐期培育大径材可导致其营林经济利润净现值增加，这一内在机制分析是否成立也需要在第 6 章进行详细论证。

5.2.3 非农就业、雇工劳动对不同规模林农营林生态效益的影响

在模型 3(表 5-5)中，估计结果反映了非农就业、雇工劳动对不同规模林农单位面积营林生态效益的影响机制。从综合效应模型来看，关键变量中，在考虑其他因素不变情况下，非农就业的规模户对其单位面积营林碳汇价值在 5%水平上有显著影响，即非农就业对于规模户营林的生态效益有正向效应作用，这与研究假说 3 相符，由于单位面积产出和碳汇价值直接相关，非农就业增加带来了单位面积产出的增加，势必也会增加单位面积碳汇价值。由于规模户存在大量的雇工行为，在其他因素不变情况下，由于雇工行为中道德风险问题的存在，雇工投工比例的增加对于规模户的单位面积碳汇价值在 5%水平上有显著负向影响，这与研究假说 6 相符。地块雇工投入占总劳动力投工的比例每增加 1%，规模户的单位面积营林碳汇价值减少 92.76 元/hm^2。

表 5-5 非农就业、雇工劳动对不同规模林农单位面积营林碳汇价值影响的模型估计结果

变量指标	被解释变量：单位面积碳汇价值/(元/hm^2)			
	分效应		综合效应	
	规模户	普通户	规模户	普通户
关键变量				
家庭非农收入/元	$1.11\times10^{-4**}$ (4.36×10^{-5})	-2.15×10^{-5} (7.75×10^{-5})	—	—
家庭劳动力人均非农就业时间/月	2.237 (2.600)	-4.596^{**} (1.964)	—	—
是否非农就业(1=是；0=否)	—	—	53.90^{**} (22.27)	-27.95^{*} (16.25)
雇工投入占总劳动力投工比例/%	-105.4^{***} (35.88)	22.79 (29.73)	-92.76^{**} (35.47)	17.14 (29.81)

续表

变量指标	被解释变量：单位面积碳汇价值/(元/hm^2)			
	分效应		综合效应	
	规模户	普通户	规模户	普通户
地块经营特征变量				
单位面积种植密度/(株/亩)	1.763*** (0.484)	0.200 (0.366)	1.646*** (0.482)	0.206 (0.368)
单位面积种植密度平方	-3.12×10^{-3}*** (9.72×10^{-4})	-3.15×10^{-4} (7.70×10^{-4})	-2.89×10^{-3}*** (0.97×10^{-3})	-2.97×10^{-4} (7.73×10^{-4})
最大地块经营年限/年	−0.700 (2.020)	−1.018 (1.721)	−0.918 (2.015)	−0.911 (1.729)
最大地块面积/亩	−0.063 (0.040)	−0.734* (0.412)	−0.056 (0.039)	−0.705* (0.412)
最大地块离最近公路距离/km	3.998 (2.443)	−0.763 (3.043)	4.392* (2.410)	−0.780 (3.054)
最大地块立地质量(以质量中等为参照组)				
好	10.09 (18.66)	25.59* (14.68)	10.86 (18.82)	25.23* (14.73)
差	−21.32 (30.33)	−20.36 (22.20)	−13.60 (30.51)	−17.78 (22.25)
最大地块产权形式				
(承包山=1；非承包山=0)	9.265 (23.38)	—	13.62 (23.43)	—
外部政策变量				
(享受林业补贴政策=1；没有享受林业补贴政策=0)	−2.707 (17.89)	−12.55 (17.12)	3.913 (17.78)	−11.33 (15.06)
林农家庭特征变量				
家中是否有人担任村干部(1=是；0=否)	33.29* (18.32)	24.05 (15.13)	23.85 (18.27)	22.57 (15.17)
户主受教育程度(以小学为参照组)**及年龄**				
初中	−32.87 (20.36)	−4.680 (15.57)	−33.63 (20.47)	−5.665 (15.65)
高中	−40.67 (42.90)	2.743 (32.09)	−43.62 (43.20)	9.400 (32.30)
户主年龄/岁	−0.940 (1.021)	−1.784** (0.815)	−0.722 (1.038)	−1.677** (0.815)

续表

变量指标	被解释变量：单位面积碳汇价值/(元/hm^2)			
	分效应		综合效应	
	规模户	普通户	规模户	普通户
地区变量(以浙江省为参照组)				
福建省	139.9*** (26.85)	147.8*** (22.70)	156.9*** (30.45)	148.9*** (22.83)
江西省	1.179 (28.15)	−5.621 (21.78)	3.899 (28.91)	−6.948 (21.68)
常数项	259.9*** (99.07)	495.0*** (76.44)	238.1** (99.80)	484.0*** (76.94)
样本数	138	312	138	312
R平方	0.357	0.266	0.342	0.258

***代表在1%水平上显著，**代表在5%水平上显著，*代表在10%水平上显著，括号内数据为标准误差

与之相反，在考虑其他因素不变情况下，非农就业的普通户对其单位面积营林碳汇价值在10%水平上有显著负向影响，这与研究假说3相符。同时，由于普通户并不存在大量的雇工行为，因此雇工所带来的道德风险问题在普通户中并没有对单位面积营林碳汇价值产生显著影响。

在其他控制变量方面，在地块经营特征上，与单位面积营林经济效益影响类似，在其他变量不变情况下，种植密度也与规模户单位面积营林碳汇价值有一个显著的倒“U”形关系，说明对规模户而言的确存在一个最适的种植密度，而对普通户则没有。在外部政策变量上，出于与第一个模型类似的原因，同样无法发现政策支持对于不同规模单位面积营林碳汇价值(即生态效益)有影响的证据。地区变量上，基于同样原因，在其他变量不变情况下，福建省规模户与普通户的单位面积营林碳汇价值显著高于参照组浙江省(分别比浙江省规模户和普通户高156.9元/hm^2和148.9元/hm^2)。

在分效应模型中可以进一步分析非农就业对不同规模林农单位面积营林生态效益影响的原因及具体效应影响。普通户非农就业对其单位面积营林生态效益有显著负向影响的原因同样在于非农就业所带来的劳动力流失效应，林农将家庭劳动力资源配置到投资报酬率更高的非农就业中。与第一个模型结合来看，普通户家庭劳动力人均非农就业时间的增加导致轮伐期提前，进而带来了单位面积碳汇价值的减少。与普通户的影响机制不同，规模户非农

就业对其单位面积营林生态效益有显著正向影响的原因在于非农就业所带来的收入效应。规模户收入结构的非农化导致林农生计不再依赖于用材林经营，可以有效释放他们由于延长轮伐期所带来的收入约束，因此规模户可以将培育大径材作为营林经营目标，从而促使森林生态效益的增加。这些内在机制分析同样需要在第6章进行进一步论证。

5.3 小　　结

根据本章分析，可得以下结论。

1）不同规模林农的非农就业与其营林效益呈现不同的变化关系。针对营林经济效益，普通户随着家庭劳动力人均非农就业时间的延长，其营林单位面积产出（材积）和单位面积营林利润净现值大致都呈下降趋势。而规模户随着家庭非农收入增加，其营林的单位面积产出（材积）和利润净现值呈大致增长趋势；针对营林生态效益，普通户家庭劳动力人均非农就业时间与营林单位面积碳汇价值呈负相关关系，而规模户家庭非农收入与其营林单位面积碳汇价值呈明显正相关关系。

2）规模户的雇工投入占劳动力总投工比例与其单位面积营林产出（材积）、利润净现值和碳汇价值都呈负相关关系，即规模户雇工投入比例增加会导致其营林效益的下降，这证明雇工投入所带来的道德风险问题对于林农营林效益的影响是存在的。

3）非农就业增加会导致普通户用材林经营的经济效益和生态效益显著下降，导致规模户用材林经营的经济效益和生态效益显著增加。造成非农就业对不同规模林农营林效益影响存在异质性的主要原因是非农就业所带来的劳动力流失效应和收入效应分别作用于普通户与规模户。南方集体林区林权改革带来了产权的细碎化，本身增加了普通林农营林的难度，而随着城市化进程中劳动力转移和非农就业的增加，将使得普通林农在家庭劳动力时间分配和家庭预算约束下，将劳动力资源更多地分配到投资报酬率较高的非农就业中，使得用材林经营变得更加困难，因此非农就业所带来的流失效应是造成营林效益下降的主要原因。另外，非农就业的收入效应导致规模户用材林经营的经济效益和生态效益增加。规模户由于其资源要素禀赋优势及非农就业所带来的更为宽松的预算约束，不急于采伐变现弥补其巨大的营林初始投入，他们可以进一步延长轮伐期，而营林的后期投入又较少，因此非农就业的收入效应促进规模户树立培育大径材的经营目标，导致其营林产出、利润和生态效益增加。这一机制形成的内在原因需要进一步证明。总之，从非农就业对不同规模林农营林效益的异质性影响机制的分析结果，进一步证明了南方集体林区通过林地流转推动林业规模化经营的必要性。

4)规模化经营带来的大量雇工会引起规模户营林效益下降。在城市化进程下出现农村劳动力非农化转移，导致了农村家庭营林劳动力的供给稀缺，在丘陵山区机械替代劳动率低的背景下，规模化经营必然需要大量雇工。从雇工劳动对不同规模林农营林效益影响的异质性分析结果来看，在劳动力供给一定情况下，由于道德风险问题的存在，雇工劳动比例的提升直接导致了规模户营林效益的下降，因此雇工劳动质量问题将是制约林业规模化经营进一步发展的重要瓶颈。

6 非农就业对不同规模林农营林投入行为影响的异质性

本章重点分析非农就业对不同规模林农要素投入行为的影响，揭示非农就业背景下不同规模林农营林效益差异的深层次原因与内在机制。从行为经济学理论出发，农户生产中的资源要素配置和经营效益与农户的生产经营决策行为密切相关(陈铭恩和温思美，2004；高明等，2012；西爱琴，2014)。本章在第 5 章基础上，进一步讨论以下问题：不同规模林农的营林要素投入之间是否存在区别？如果存在区别，非农就业如何影响不同规模林农营林要素投入行为的此种差异，继而造成其营林效益的区别？因此，本章分为三部分，首先基于样本户调查数据，对非农就业与林农营林要素投入及其结构、林地流入面积和意愿的关系进行描述性统计；其次运用计量经济模型分析非农就业对不同规模林农营林要素投入及其结构、林农流入面积和意愿的影响机制；最后在此基础上进行了小结。

6.1 非农就业与不同规模林农营林要素投入的描述性统计

为分析非农就业对不同规模林农营林要素投入的影响机制，首先需要判断非农就业与不同规模林农营林要素投入的变化关系，因此先进行了交叉描述性统计。

6.1.1 非农就业与不同规模林农营林成本的交叉统计

从林农家庭劳动力人均非农就业时间与不同规模林农单位面积户均营林成本的交叉统计来看(表 6-1)，总体而言，无论是规模户还是普通户随家庭劳动力人均非农就业时间延长，林农单位面积营林总成本和自用工成本都在减少，最低区间(家庭劳动力人均非农就业时间 9～12 个月)上规模户与普通户的单位面积户均营林总成本分别为 50 575 元/hm^2 和 49 281 元/hm^2。这说明随着家庭劳动力人均非农就业时间增加，无论是规模户还是普通户的营林总投资都在减少，即非农就业带来的劳动力流失效应对于林业经营投入产生了挤出效应，林农也不愿意将家庭劳动力投入到投资报酬率较低的林业经营上。从林农家庭人均非农收入与不同规模林农单位面积户均营林成本的交叉统计来看，对规模户而言，随着家庭人均非农收入排名提高，林农单位面积户均自用工成本在逐步下降，但是单位面积户均雇工成本和种苗成本在逐步增加，即规模户会将非农就业所获取的收入用于雇工营林来替代非农就业转移的家庭劳动力，同时通过增加一定程度种植密度来替代其他要素投入，保证相应产出。而除了雇工成本与普通户的家庭人均非农收入保持相同变化趋势外，家庭人均非农收入与普通户单位面积营林总成本无明显线性关系。

表 6-1　非农就业、不同规模林农与单位面积户均营林成本的交叉统计

（单位：元/hm^2）

关键变量	指标分类	规模户					普通户				
		单位面积总成本	单位面积劳动力成本		单位面积生产资料成本		单位面积总成本	单位面积劳动力成本		单位面积生产资料成本	
			自用工成本	雇工成本	种苗成本	其他生产资料成本①		自用工成本	雇工成本	种苗成本	其他生产资料成本
家庭劳动力人均非农就业时间/月	≤1	60 915	19 375	16 339	1 101	24 100	56 696	26 416	8 092	1 430	20 758
	(1～3]	56 049	17 711	14 869	1 527	19 825	54 426	25 282	10 085	1 961	15 111
	(3～6]	53 931	15 908	15 257	1 212	19 048	52 625	22 209	11 706	1 707	17 003
	(6～9]	51 425	14 682	17 272	1 670	22 425	52 440	21 961	11 621	1 499	19 345
	(9～12]	50 575	13 534	15 889	1 406	19 747	49 281	18 178	11 927	1 516	17 659
家庭人均非农收入排名/%	≤25	59 915	14 962	23 191	1 540	20 222	54 229	21 756	13 396	1 626	17 450
	(25～50]	47 515	15 738	13 845	1 280	18 783	54 917	24 051	12 594	1 416	16 856
	(50～75]	52 755	17 898	11 722	1 272	23 938	50 977	20 924	9 807	1 759	18 487
	(75～100]	58 047	19 423	9 639	1 057	23 721	54 553	26 049	6 871	1 573	20 059

注：数据来源为农户调查；①其他生产资料成本指除种苗成本外的生产资料成本，包括地租、农资化肥等

6.1.2　非农就业与林农林地流入面积及意愿的交叉统计

随着南方集体林权改革的不断推进，林地流转和规模化经营相关林权改革配套政策不断完善，从 20 世纪 90 年代中期发展起来的林地市场化流转现

象不断增多。一定程度上，林地流入行为及其意愿反映营林主体对营林要素投入的积极性。笔者对样本点林农的林地流入面积和意愿①进行了进一步调查。从表 6-2 中可以发现，浙江省林地流转的配套政策相对完善、市场化起步较早，且城市化进程进一步加速，因此规模户的户均林地流入面积最多，达到户均 14.1hm^2。从林地流入意愿来看，虽然规模户已经存在林地流入行为，但在福建省和江西省规模户继续流入林地的意愿仍然分别达到 83.3%和 82.6%，福建省和江西省普通户愿意林地流入的比例也明显高于不愿意流入林地的比例，而由于浙江省林农生计明显非农化，普通户愿意流入林地的比例只有 18.6%，而不愿意的比例高达 81.4%。

表 6-2　不同规模林农林地流入面积及意愿统计

林区	规模户			普通户	
	户均林地流入面积/hm^2	林地流入意愿比例/%		林地流入意愿比例/%	
		愿意	不愿意	愿意	不愿意
浙江	14.1	33.0	67.0	18.6	81.4
福建	6.7	83.3	16.7	68.0	32.0
江西	4.0	82.6	17.4	61.5	38.5

注：数据来源为农户调查

从农户家庭劳动力人均非农就业时间与林农林地流入面积和意愿的交叉统计来看（表 6-3），总体而言，家庭劳动力人均非农就业时间对规模户林地流入行为具有“挤出效应”，即随着农户家庭劳动力人均非农就业时间的延长，规模户林地流入面积在减少，且林农林地的流入意愿在降低（农户家庭劳动力人均非农就业时间在 9～12 个月的林农中只有 30.3%表示愿意流入林地）；而农户家庭劳动力人均非农就业时间越少，林农投资林业和扩大营林规模的意愿就越强烈，农户家庭劳动力人均非农就业时间小于等于 1 个月时，林农户均流入林地面积达到 13.2hm^2，且流入意愿的比例最高，达到 43.1%。另外，从家庭人均非农收入与林农流入林地面积和意愿的交叉统计来看，一个有意思的发现是，家庭人均非农收入在最低和最高的两个区间，规模户流入林地面积分别排在第一和第二位（分别为 17.5hm^2 和 7.5hm^2）。这一方面证明了以林业为主要收入来源的林业规模户是投资林地的主要群体；另一方面即非农

① 没有发生林地流入行为的主要了解林农流入的意愿，已经发生林地流转流入行为的了解林农继续流入的意愿。

就业所产生的收入效应在一定程度上促进了林地投资规模的增加，也可以解释近年来大量社会资本投资林业的现象；与之对应的是，由于非农就业所获得的收入为林地投资提供了资金保障，家庭人均非农收入排名靠前的林农往往林地流入意愿更强烈(排名前两个区间的林农的林地流入意愿分别为40.5%和45.6%)。

表 6-3　非农就业与林农林地流入面积及意愿的交叉统计

变量	指标分类	规模户户均林地流入面积/hm^2	林农户均林地流入意愿/%
家庭劳动力人均非农就业时间/月	≤1	13.2	43.1
	(1～3]	11.6	43.0
	(3～6]	9.3	41.8
	(6～9]	8.1	35.1
	(9～12]	7.0	30.3
家庭人均非农收入排名/%	≤25	7.5	40.5
	(25～50]	3.2	45.6
	(50～75]	6.5	33.0
	(75～100]	17.5	35.4

注：数据来源为农户调查

6.2　非农就业对不同规模林农营林要素投入的影响

6.2.1　计量经济模型和变量指标选取

由于上述交叉统计分析没有剔除其他因素对于不同规模林农营林决策行为的影响，为了准确分析出非农就业对于不同规模林农营林要素投入(单位面积营林成本和流入面积)影响的异质性及其作用机制，需要构建计量经济模型进一步加以说明。

6.2.1.1　非农就业对于不同规模林农营林要素投入及结构影响的模型选择

根据本书第 3 章表 3-2 中的计量经济模型构建和变量选择，其中讨论非农就业对于单位面积营林成本影响所采用的多元回归模型形式如下：

$$Cost_{it} = \alpha_0 + \varphi Loff_{it} + \delta Land_i + \lambda Policies_i + \gamma X_{it} + \varepsilon_i \tag{6-1}$$

式中，被解释变量为$Cost_{it}$，表示林农 i 在其最大经营地块采伐期 t 的单位面积营林成本(包括单位面积的营林总成本、劳动力成本、自用工成本、雇工成本、种苗成本和其他生产资料成本)。

关键解释变量中，$Loff_{it}$是衡量林农i家庭2015年非农就业情况的变量，该变量包括后文中提到的家庭成员是否存在非农就业、家庭劳动力人均非农就业时间和家庭非农收入水平。其中“家庭成员是否存在非农就业”(家庭成员人均连续非农就业时间超过1个月的即被认为是非农就业户)，主要是反映非农就业所带来的综合效应对于不同规模林农营林决策行为影响的异质性，“家庭劳动力人均非农就业时间”和“家庭非农收入水平”主要反映林农非农就业带来的劳动力流失效应和收入效应分别对于不同规模林农营林决策行为的影响。

与第5章讨论非农就业、雇工劳动对于不同规模林农营林效益影响的异质性计量模型所选取的控制变量类似，其控制变量包括：$Land_i$表示林农i最大地块的经营特征。包括该地块的面积大小，地块离最近公路的距离(用以反映地块经营的便利性)，该地块权属是否为承包山(针对规模户存在林地流转行为，用以反映林农地块经营的产权安全性)，该地块的种植密度(用来反映杉木经营强度和技术手段)，以及地块的立地条件(用以反映土地的立地质量)。$Policies_i$为政策变量，代表林农i是否享受到外部的林业补贴政策，外部政策扶持将有效提高林农的营林积极性。X_{it}代表其他控制变量，包括林农家庭社会特征(户主年龄、受教育程度和家中是否有人担任村干部)及区域虚拟变量，用来反映区域所造成的林地差异；ε_i为符合独立同分布的随机扰动项；α_0为常数项；φ、δ、λ、γ为模型的待估系数。

6.2.1.2 非农就业对于林农林地流入面积及意愿影响的模型选择

在讨论非农就业对于林农流入面积行为影响机制的模型时，现有样本数据中，普通户没有发生过林地流入情况，因此会出现大量的零观测值，这种现象破坏了线性假设，一般线性回归模型不适用于分析该数据。Tobit模型结合了Probit模型与多元线性回归模型，是一种涵盖因变量不存在负值的模型，适用于在正值上大致连续分布但包含一部分以正概率取值为0的结果变量(Tobin，1958)。因此笔者采用Tobit模型讨论非农就业对于林农林地流入面积行为的影响机制，具体形式如下：

$$y_i = \alpha_0 + \varphi Loff_{it} + \lambda Policies_i + \gamma X_{it} + \varepsilon_i \tag{6-2}$$

$$y_i = \begin{cases} y_i^* & y_i^* > 0 \\ 0 & y_i^* \leqslant 0 \end{cases} \tag{6-3}$$

被解释变量 y_i 表示农户 i 林地流入的面积，如果出现没有林地流入的林农，则林地流入面积为零，如果有林地流入，则采用实际值。

在讨论非农就业对于林农林地流入意愿的影响机制的模型时，林农林地流入意愿有“愿意”与“不愿意”两种，这属于二元选择问题。为了探究哪些因素会影响林农林地流入的意愿并测定各个因素的影响程度，可采用二元 Logit 模型进行分析。本书将林农“愿意流入”赋值为 1，“不愿意流入”赋值为 0；以 P 表示林农愿意供给的概率，其取值为 0～1。本书构建的 Logit 模型如下：

$$\ln\left(\frac{P_i}{1-P_i}\right) = \beta_0 + \sum \beta_j x_{ij} + \varepsilon \tag{6-4}$$

式中，$\frac{P_i}{1-P_i}$ 是事件发生的概率与不发生的概率之比。式(6-4)中 i=1,2,3⋯,n；P_i 代表第 i 个林农愿意林地流入的概率，$1-P_i$ 表示第 i 个林农不愿意林地流入的概率。对于任一林农 i 来说，$P_i \in (0,0.5)$ 表明该林农倾向于不流入林地；$P_i \in (0.5,1)$ 则表明林农倾向于流入林地。

6.2.1.2 部分两个模型中所采用的关键解释变量和控制变量与 6.2.1.1 部分中的模型类似。

6.2.2　非农就业对不同规模林农营林要素投入及其结构的影响

OLS 模型(表 6-4)的估计结果反映了非农就业对不同规模林农最大地块单位面积营林成本的影响机制。2SLS 模型的回归结果也与 OLS 基准模型的结果保持一致。在 2SLS 综合效应模型中，关键变量在考虑其他因素不变情况下，无论是规模户还是普通户，非农就业都对其单位面积营林成本在 5%水平上有负向影响，即说明林农非农就业造成了其单位面积营林成本的下降(非农就业的规模户和普通户单位面积营林成本分别比没有非农就业的规模户和普通户的低 5783 元/亩和 5888 元/亩)。在其他控制变量方面，立地条件质量较好的地块较适于投资，因此无论是规模户还是普通户所经营的立地条件质量好的地块的单位面积营林成本都要高于立地条件质量中等的地块(规模户和普通户立地条件质量好地块的单位面积营林成本分别比立地条件质量中等的地块高 1061 元/亩和 463.7 元/亩)。分效应模型进一步分解了非农就业对不同规模林农单位面积营林成本的影响。可以发现家庭劳动力人均非农就业时间对不同规模林农单位面积营林成本有显著负向影响，而家庭非农收入则对不同规模林农单位面积营林成本有显著正向影响。

表 6-4 非农就业对不同规模林农最大地块单位面积营林成本影响的模型估计结果

变量指标	被解释变量：单位面积营林成本/(元/亩)							
	OLS				2SLS			
	分效应		综合效应		分效应		综合效应	
	规模户	普通户	规模户	普通户	规模户	普通户	规模户	普通户
关键变量								
家庭非农收入/千元	0.946 (0.632)	0.113 (0.956)	—	—	2.56** (1.23)	9.23** (4.70)	—	—
家庭劳动力人均非农就业时间/月	−67.37* (38.21)	−47.39** (24.06)	—	—	−478.3* (248.1)	−799.7** (401.4)	—	—
是否非农就业(1=是；0=否)	—	—	−372.4* (199.8)	−611.1* (324.9)	—	—	−5 783** (2 401)	−5 888** (2 705)
地块经营特征变量								
最大地块面积/亩	1.315** (0.576)	−4.257 (4.785)	−3.458 (4.753)	1.314** (0.567)	2.267** (0.929)	−8.863 (10.00)	1.991* (1.081)	−0.565 (8.845)
最大地块离最近公路距离/km	41.32 (35.38)	59.35 (37.60)	58.39 (37.56)	32.93 (34.78)	103.60* (62.39)	158.50* (92.30)	51.36 (61.34)	158.2* (84.43)
最大地块立地质量(以质量中等为参照组)								
好	−562.7** (276.9)	440.8** (180.0)	439.3** (180.0)	651.9** (276.3)	−473.5*** (165.7)	497.6* (262.6)	1061* (565.2)	463.7** (230.0)
差	−1 072** (452.8)	−200.1 (271.8)	−216.2 (271.7)	−1 067** (452.2)	−1 640** (686.6)	−1 119 (737.0)	−1 838* (999.9)	−1 105* (664.7)
最大地块产权形式								
(承包山=1；非承包山=0)	−438.3 (324.1)	—	−378.0 (321.0)	—	−271.5 (444.6)	—	−67.99 (604.2)	—
外部政策变量								
(享受林业补贴政策=1；没有享受林业补贴政策=0)	7.085 (216.0)	31.40 (171.7)	55.09 (212.8)	49.08 (171.2)	−11.15 (371.0)	−55.78 (371.5)	53.04 (478.3)	34.26 (338.5)

续表

变量指标	被解释变量：单位面积营林成本/(元/亩)							
	OLS				2SLS			
	分效应		综合效应		分效应		综合效应	
	规模户	普通户	规模户	普通户	规模户	普通户	规模户	普通户
林农家庭特征变量								
家中是否有人担任村干部(1=是；0=否)	173.1 (272.6)	−129.7 (184.8)	−112.5 (184.3)	125.9 (268.2)	811.3 (509.9)	499.6 (500.0)	839.9 (733.6)	563.5 (472.2)
户主受教育程度(以小学为参照组)**及年龄**								
初中	−502.0* (297.9)	56.86 (189.2)	60.30 (189.3)	−527.6* (296.4)	−140.0 (438.5)	721.7 (519.3)	−349.6 (506.6)	691.4 (463.7)
高中及以上	1 849*** (623.2)	365.7 (389.3)	430.1 (390.0)	1 833*** (621.5)	2 374*** (871.0)	89.38 (799.7)	2 399** (1 122)	1 269 (822.9)
户主年龄/岁	−12.68 (15.18)	−10.53 (9.938)	−10.79 (9.912)	−18.30 (15.30)	−10.33 (20.06)	−36.61 (24.48)	−54.70 (40.17)	−31.98 (21.08)
地区变量(以浙江省为参照组)								
福建省	726.6 (466.6)	138.4 (387.6)	695.8 (381.0)	316.5 (497.9)	−569.9 (929.3)	−1 288 (922.4)	−3 435 (3 309)	−2 232* (1 203)
江西省	−380.0 (458.9)	22.55 (362.8)	−117.3 (361.6)	−701.7 (453.3)	−0.385 (544.3)	−3.056 (566.2)	−2 518 (1 685)	−1 559* (874.6)
常数项	5 010*** (1 280)	3 970*** (776.6)	4 132*** (790.7)	5 598*** (1 318)	5 968*** (1 411)	7 977*** (2 549)	11 778** (5 253)	9 065*** (2 742)
样本数	138	312	138	312	138	312	138	312
识别不足检验(under-identification test)	—	—	—	—	5.601**	4.556**	2.054	5.759**
弱识别检验(weak identification test)					5.204	4.401	1.873	5.604
R 平方	0.291	0.367	0.365	0.387	0.385	0.356	0.176	0.377

***代表在 1%水平上显著，**代表在 5%水平上显著，*代表在 10%水平上显著，括号内数据为标准误差

但两者综合来看，非农就业所带来的劳动力流失效应是导致单位面积营林成本下降的主要原因，即随着家庭劳动力人均非农就业时间增多，不同规

模林农的生计依赖性主要向非农倾斜，这样导致了林农营林投资积极性的下降，这与诸多研究成果相符(刘承芳和樊胜根，2002；刘荣茂和马林靖，2006；廖文梅等，2015)。

由于规模户与普通户非农就业都对其单位面积营林成本呈显著负向影响，为了进一步分析两者的影响是否存在异质性，对表 6-4 模型进行系统性检验(附表 a)，发现是否非农就业与是否为规模户的交叉项系数显著为负，证明非农就业对普通户单位面积营林成本的负向作用显著大于非农就业对规模户单位面积营林成本的负向作用，即非农就业造成普通户的营林成本下降更为明显。

同时，笔者还针对林农不同的营林成本结构，讨论了非农就业对不同规模林农最大地块单位面积不同营林成本结构影响的作用机制。

从非农就业对不同规模林农最大地块单位面积营林劳动力总成本影响的模型来看(表 6-5)，2SLS 模型与 OLS 基准模型的估计方向保持一致，说明结果具有一定可信度。从 2SLS 综合效应模型中可以发现，非农就业对于普通户最大地块单位面积劳动力总成本呈显著负向影响(非农就业的普通户营林劳动力总成本比没有非农就业的普通户少 4051 元/亩)，从分效应模型中可以发现，其主要原因是非农就业所带来的劳动力流失效应导致了单位面积普通户营林劳动力成本的下降。

表 6-5　非农就业对不同规模林农最大地块单位面积劳动力总成本影响的模型估计结果

变量指标	被解释变量：单位面积劳动力总成本/(元/亩)							
	OLS				2SLS			
	分效应		综合效应		分效应		综合效应	
	规模户	普通户	规模户	普通户	规模户	普通户	规模户	普通户
关键变量								
家庭非农收入/千元	1.06* (0.618)	0.501 (1.01)	—	—	1.80* (0.937)	5.89 (3.61)	—	—
家庭劳动力人均非农就业时间/月	−31.46 (37.46)	−33.88 (25.38)	—	—	−197.4 (193.8)	−545.4* (310.4)	—	—
是否非农就业(1=是；0=否)	—	—	−332.1 (319.8)	−111.7 (210.9)	—	—	−1637 (2811)	−4051* (2216)

续表

变量指标	被解释变量：单位面积劳动力总成本/(元/亩)							
	OLS				2SLS			
	分效应		综合效应		分效应		综合效应	
	规模户	普通户	规模户	普通户	规模户	普通户	规模户	普通户
地块经营特征变量								
单位面积种植密度/(株/亩)	1.649 (2.068)	−1.776 (1.136)	1.558 (2.073)	−1.741 (1.133)	1.591 (2.202)	−2.630 (1.771)	1.524 (2.419)	−1.835 (1.626)
最大地块面积/亩	0.801 (0.563)	−0.574 (5.047)	0.872 (0.557)	−0.201 (5.018)	1.247* (0.712)	−3.745 (7.785)	1.111* (0.660)	1.712 (7.254)
最大地块离最近公路距离/km	32.34 (34.70)	39.59 (39.65)	28.82 (34.32)	37.02 (39.66)	50.53 (47.05)	101.9 (71.87)	27.33 (36.36)	102.5 (69.24)
最大地块立地质量(以质量中等为参照组)								
好	−573.2** (270.7)	287.1 (190.6)	−642.0** (271.5)	286.5 (190.7)	−517.6* (274.9)	326.5 (284.2)	−725.0** (345.4)	291.3 (271.7)
差	−543.0 (442.6)	368.6 (286.9)	−539.6 (444.3)	389.0 (287.0)	−782.0 (520.5)	−275.3 (575.9)	−737.0 (614.4)	−256.6 (545.4)
最大地块产权形式								
(承包山=1；非承包山=0)	−193.1 (318.0)	—	−119.1 (316.6)	—	−163.9 (333.2)	—	−74.52 (358.4)	—
外部政策变量								
(享受林业补贴政策=1；没有享受林业补贴政策=0)	13.94 (211.4)	−147.5 (181.2)	61.48 (209.4)	−151.4 (180.7)	−243.3 (285.3)	−184.8 (290.8)	−206.5 (297.8)	−117.8 (278.8)
林农家庭特征变量								
家中是否有人担任村干部(1=是；0=否)	375.7 (266.4)	4.509 (194.9)	336.6 (263.5)	−7.212 (194.6)	659.8* (388.5)	430.9 (389.0)	540.7 (453.3)	470.2 (387.2)
户主受教育程度(以小学为参照组)**及年龄**								
初中	−495.8* (293.3)	−75.14 (200.5)	−502.3* (293.1)	−90.26 (200.9)	−270.7 (342.5)	346.8 (398.1)	−385.1 (315.1)	342.2 (380.7)
高中及以上	806.3 (615.6)	−38.10 (413.1)	812.9 (616.9)	−8.540 (414.1)	1055 (671.3)	−277.8 (630.1)	986.7 (700.7)	566.3 (676.5)
户主年龄/岁	−17.49 (14.84)	−10.27 (10.54)	−21.36 (15.03)	−9.568 (10.52)	−14.94 (15.09)	−29.43 (19.38)	−29.17 (24.72)	−25.41 (17.37)

续表

变量指标	被解释变量：单位面积劳动力总成本/(元/亩)							
	OLS				2SLS			
	分效应		综合效应		分效应		综合效应	
	规模户	普通户	规模户	普通户	规模户	普通户	规模户	普通户
地区变量(以浙江省为参照组)								
福建省	202.7 (456.1)	−255.9 (410.1)	−141.3 (489.2)	−235.8 (402.9)	−464.2 (715.7)	−1573** (729.7)	−1192 (2103)	−2183** (988.1)
江西省	−633.8 (448.5)	−326.6 (382.8)	−918.8** (445.3)	−342.2 (381.9)	−663.2 (408.1)	−826.4* (440.7)	−1292 (1048)	−1623** (716.7)
常数项	3983*** (1345)	3499*** (900.1)	4462*** (1389)	3442*** (912.0)	3736*** (1156)	6407*** (2166)	5440 (3537)	6908*** (2309)
样本数	138	312	138	312	138	312	138	312
识别不足检验	—	—	—	—	5.211**	4.628**	1.796	5.770**
弱识别检验					4.788	4.457	1.622	5.596
R平方	0.381	0.347	0.368	0.342	0.345	0.271	0.256	0.296

***代表在1%水平上显著，**代表在5%水平上显著，*代表在10%水平上显著，括号内数据为标准误差

从非农就业对不同规模林农最大地块单位面积营林自用工成本影响来看(表6-6)，2SLS模型与OLS基准模型的估计结果基本保持一致。从2SLS综合效应模型来看，非农就业对普通户和规模户单位面积营林自用工成本有显著负向影响(非农就业规模户和普通户的单位面积营林自用工成本分别比没有非农就业规模户和普通户少3744元/亩和2288元/亩)。从分效应模型中可以发现，造成该现象的主要原因是非农就业所带来的劳动力流失效应导致了单位面积自用工成本下降，即家庭劳动力人均非农就业时间的增多，导致自投工及其成本的减少。由于规模户与普通户非农就业都对其单位面积自用工成本呈显著负向影响，为了进一步分析两者的影响是否存在异质性，对表6-6中非农就业对不同规模林农单位面积自用工成本影响的计量模型进行系统性检验(附表b)发现，是否非农就业与是否规模户的交叉项系数不显著，证明非农就业对规模户和普通户单位面积自用工成本投入的影响不存在明显异质性。

表 6-6　非农就业对不同规模林农最大地块单位面积劳动力自用工成本影响模型估计结果

变量指标	被解释变量：单位面积自用工成本/(元/亩)							
	OLS				2SLS			
	分效应		综合效应		分效应		综合效应	
	规模户	普通户	规模户	普通户	规模户	普通户	规模户	普通户
关键变量								
家庭非农收入/千元	−0.272 (0.319)	0.0440 (0.687)	—	—	0.564 (0.644)	2.83 (2.10)	—	—
家庭劳动力人均非农就业时间/月	−49.52** (19.32)	−50.61*** (17.25)	—	—	−239.6* (133.1)	−306.2* (180.6)	—	—
是否非农就业(1=是；0=否)	—	—	−269.2* (144.4)	−339.4** (162.4)	—	—	−3744** (1878)	−2288* (1322)
地块经营特征变量								
单位面积种植密度/(株/亩)	0.709 (1.067)	−2.187*** (0.772)	−2.084*** (0.776)	0.698 (1.053)	−0.282 (1.512)	−2.597** (1.030)	−0.993 (2.477)	−2.112** (0.970)
最大地块面积/亩	−0.020 (0.291)	−9.797*** (3.430)	−9.609*** (3.434)	−0.058 (0.283)	0.479 (0.489)	−11.17** (4.529)	0.382 (0.676)	−8.359* (4.327)
最大地块离最近公路距离/km	−2.732 (17.90)	20.57 (26.95)	20.04 (27.14)	−4.965 (17.43)	30.29 (32.32)	54.04 (41.81)	5.185 (37.22)	55.34 (41.31)
最大地块立地质量(以质量中等为参照组)								
好	−241.7* (139.7)	130.9 (129.5)	130.4 (130.5)	−257.8* (137.9)	−197.2 (188.9)	166.9 (165.3)	−534.5 (353.6)	146.0 (162.1)
差	−148.6 (228.3)	86.15 (195.0)	112.9 (196.4)	−176.1 (225.6)	−446.7 (357.5)	−231.2 (335.0)	−686.1 (629.1)	−213.6 (325.3)
最大地块产权形式								
(承包山=1；非承包山=0)	−497.3*** (164.0)	—	−511.5*** (160.8)	—	−417.8* (228.9)	—	−323.5 (366.9)	—
外部政策变量								
(享受林业补贴政策=1；没有享受林业补贴政策=0)	33.61 (109.1)	11.13 (123.1)	−0.249 (123.7)	15.34 (106.3)	69.00 (196.0)	−69.27 (169.2)	106.3 (304.9)	−39.77 (166.3)

续表

变量指标	被解释变量：单位面积自用工成本/(元/亩)							
	OLS				2SLS			
	分效应		综合效应		分效应		综合效应	
	规模户	普通户	规模户	普通户	规模户	普通户	规模户	普通户
林农家庭特征变量								
家中是否有人担任村干部(1=是；0=否)	83.78 (137.5)	−139.5 (132.5)	−158.6 (133.2)	112.6 (133.8)	414.4 (266.9)	72.94 (226.3)	568.5 (464.1)	87.63 (231.0)
户主受教育程度(以小学为参照组)**及年龄**								
初中	−305.7** (151.3)	−163.0 (136.3)	−176.6 (137.5)	−309.1** (148.9)	−117.8 (235.3)	55.98 (231.6)	−176.6 (322.6)	52.67 (227.1)
高中及以上	605.8* (317.6)	181.0 (280.8)	249.8 (283.4)	613.9* (313.3)	908.7** (461.1)	71.17 (366.6)	1037 (717.4)	554.1 (403.6)
户主年龄/岁	−10.85 (7.657)	−7.835 (7.166)	−6.680 (7.198)	−12.75* (7.635)	−9.810 (10.36)	−16.87 (11.27)	−36.64 (25.31)	−14.33 (10.36)
地区变量(以浙江省为参照组)								
福建省	−155.1 (235.3)	−14.22 (278.8)	44.60 (275.8)	−277.9 (248.4)	−770.2 (491.6)	−495.4 (424.5)	−2732 (2153)	−810.1 (589.4)
江西省	15.11 (231.4)	−139.6 (260.2)	−143.5 (261.3)	−19.24 (226.2)	−83.86 (280.3)	−279.7 (256.4)	−1218 (1073)	−700.3 (427.5)
常数项	2129*** (694.1)	2774*** (611.8)	2738*** (624.1)	2365*** (705.2)	2973*** (794.1)	4363*** (1260)	6811* (3621)	4597*** (1378)
样本数	138	312	138	312	138	312	138	312
识别不足检验	—	—	—	—	5.211**	4.628**	1.796	5.770**
弱识别检验					4.788	4.457	1.622	5.596
R 平方	0.227	0.307	0.390	0.238	0.590	0.570	0.492	0.523

***代表在 1%水平上显著，**代表在 5%水平上显著，*代表在 10%水平上显著，括号内数据为标准误差

从非农就业对不同规模林农最大地块单位面积营林雇工成本影响来看(表 6-7)，非农就业无论对普通户还是规模户的单位面积雇工成本都没有显著影响。非农就业的增加所带来的收入并没有显著增加雇工投资。

表 6-7 非农就业对不同规模林农最大地块单位面积雇工成本影响的模型估计结果

变量指标	被解释变量：单位面积雇工成本/(元/亩)							
	OLS				2SLS			
	分效应		综合效应		分效应		综合效应	
	规模户	普通户	规模户	普通户	规模户	普通户	规模户	普通户
关键变量								
家庭非农收入/千元	0.806** (0.379)	0.612 (0.627)	—	—	1.02* (0.544)	3.28 (2.02)	—	—
家庭人均劳动力非农就业时间/月	−37.35 (22.96)	11.73 (15.75)	—	—	−79.16 (112.4)	−247.5 (173.6)	—	—
是否非农就业 (1=是；0=否)	—	—	−216.5 (198.0)	19.78 (131.0)	—	—	−339.2 (1641)	−1820 (1210)
地块经营特征变量								
单位面积种植密度/(株/亩)	1.429 (1.267)	0.0140 (0.705)	1.435 (1.284)	−0.0614 (0.704)	1.798 (1.277)	−0.405 (0.990)	1.886 (1.412)	−0.093 (0.888)
最大地块面积/亩	1.043*** (0.345)	9.400*** (3.132)	1.056*** (0.345)	9.709*** (3.117)	1.198*** (0.413)	8.069* (4.354)	1.131*** (0.386)	10.86*** (3.960)
最大地块离最近公路距离/km	44.14** (21.27)	31.65 (24.61)	39.13* (21.26)	31.07 (24.64)	44.07 (27.30)	62.44 (40.20)	34.21 (21.22)	61.47 (37.80)
最大地块立地质量(以质量中等为参照组)								
好	−275.1* (165.9)	191.3 (118.3)	−327.0* (168.2)	190.8 (118.5)	−260.4* (139.5)	200.7 (158.9)	−348.1* (201.6)	186.1 (148.4)
差	−340.8 (271.3)	90.34 (178.0)	−317.4 (275.1)	65.04 (178.3)	−424.2 (301.9)	−229.8 (322.1)	−353.0 (358.7)	−230.3 (297.7)
最大地块产权形式								
(承包山=1；非承包山=0)	232.9 (194.9)	—	280.3 (196.1)	—	240.6 (193.3)	—	279.0 (209.2)	—
外部政策变量								
(享受林业补贴政策=1；没有享受林业补贴政策=0)	−110.4 (129.6)	−56.79 (112.4)	−64.79 (129.7)	−39.79 (112.3)	−222.7 (165.5)	−133.0 (162.6)	−206.6 (173.8)	−92.33 (152.2)
林农家庭特征变量								
家中是否有人担任村干部(1=是；0=否)	210.5 (163.3)	95.60 (120.9)	156.2 (163.2)	117.1 (120.9)	292.1 (225.4)	322.3 (217.6)	190.3 (264.6)	349.5* (211.4)

续表

变量指标	被解释变量：单位面积雇工成本/(元/亩)							
	OLS				2SLS			
	分效应		综合效应		分效应		综合效应	
	规模户	普通户	规模户	普通户	规模户	普通户	规模户	普通户
户主受教育程度(以小学为参照组)**及年龄**								
初中	−250.6 (179.8)	30.30 (124.4)	−268.9 (181.6)	39.89 (124.8)	−134.3 (198.7)	244.1 (222.7)	−194.6 (183.9)	243.0 (207.9)
高中及以上	555.8 (377.4)	−215.6 (256.4)	535.3 (382.0)	−235.1 (257.2)	625.8 (389.4)	−326.2 (352.4)	559.9 (409.1)	45.43 (369.3)
户主年龄/岁	−4.858 (9.098)	−4.395 (6.543)	−7.561 (9.310)	−5.316 (6.533)	−3.196 (8.752)	−14.19 (10.84)	−7.179 (14.43)	−12.73 (9.485)
地区变量(以浙江省为参照组)								
福建省	401.6 (279.6)	−420.8* (254.5)	204.9 (303.0)	−527.8** (250.3)	−14.75 (415.2)	−1142*** (408.1)	−111.9 (1228)	−1454** (539.4)
江西省	−561.8** (274.9)	−291.9 (237.6)	−758.5*** (275.8)	−359.0 (237.2)	−641.5*** (236.7)	−490.8** (246.5)	−826.7 (611.6)	−885.8** (391.3)
常数项	1757** (824.7)	1005* (558.6)	2002** (860.0)	1098* (566.5)	1058 (670.7)	2187* (1212)	1421 (2065)	2473** (1261)
样本数	138	312	138	312	138	312	138	312
识别不足检验	—	—	—	—	5.211**	4.628**	1.796	5.770**
弱识别检验					4.788	4.457	1.622	5.596
R 平方	0.313	0.349	0.287	0.343	0.283	−0.632	0.282	0.435

***代表在 1%水平上显著，**代表在 5%水平上显著，*代表在 10%水平上显著，括号内数据为标准误差

生产资料成本投入方面，从非农就业对不同规模林农最大地块单位面积种苗成本影响来看(表 6-8)，2SLS 模型与 OLS 基准模型估计方向保持一致。非农就业仅对规模户最大地块单位面积种苗成本有显著正向影响，从分效应模型来分析，是由于非农就业带来的收入效应促进了种苗成本增加。在第 5 章进行分析时，笔者发现，种植密度与林农营林的经济效益(单位面积材积和利润净现值)及生态效益(单位面积生物量)有一个显著的倒“U”形关系，规模户在用材林种植上比普通户有更先进的技术和策略，其非农就业所获得的收入促使规模户购买一定数量的种苗，增加了种植密度，但其种植密度保持

在倒“U”形左侧，保证其经济效益和生态效益增加。从非农就业对单位面积其他生产资料成本影响来看(表 6-9)，非农就业对普通户最大地块单位面积其他生产资料成本有显著负向影响，原因仍然是非农就业带来的劳动力流失造成了化肥、机械等其他生产资料投入下降。

表 6-8　非农就业对不同规模林农最大地块单位面积种苗成本影响的模型估计结果

变量指标	被解释变量：单位面积种苗成本/(元/亩)							
	OLS				2SLS			
	分效应		综合效应		分效应		综合效应	
	规模户	普通户	规模户	普通户	规模户	普通户	规模户	普通户
关键变量								
家庭非农收入/千元	$3.61\times10^{-2*}$ (2.03×10^{-2})	-1.84×10^{-2} (5.89×10^{-2})	—	—	$5.84\times10^{-2*}$ (3.05×10^{-2})	-1.86×10^{-2} (1.64×10^{-2})	—	—
家庭人均劳动力非农就业时间/月	0.988 (1.228)	0.195 (1.483)	—	—	−4.966 (6.170)	15.91 (14.01)	—	—
是否非农就业(1=是；0=否)	—	—	18.69* (10.48)	20.13 (12.25)	—	—	127.60* (66.86)	117.1 (96.49)
地块经营特征变量								
最大地块面积/亩	−0.016 (0.019)	−0.469 (0.295)	−0.012 (0.018)	−0.484* (0.291)	−0.005 (0.023)	−0.345 (0.349)	−0.009 (0.021)	−0.512 (0.316)
最大地块离最近公路距离/km	2.690** (1.137)	−0.497 (2.318)	2.799** (1.122)	−0.769 (2.302)	4.044*** (1.551)	−2.767 (3.221)	3.433*** (1.211)	−2.756 (3.012)
最大地块立地质量(以质量中等为参照组)								
好	−6.542 (8.899)	5.638 (11.10)	−6.492 (8.911)	5.712 (11.03)	−3.574 (9.093)	4.818 (12.65)	−8.146 (11.15)	5.492 (11.77)
差	−7.520 (14.55)	13.93 (16.75)	−5.569 (14.59)	17.39 (16.65)	−14.64 (17.07)	32.59 (25.72)	−11.21 (19.73)	32.33 (23.71)
最大地块产权形式								
(承包山=1；非承包山=0)	−16.48 (10.42)	—	−14.25 (10.35)	—	−13.69 (11.06)	—	−11.34 (11.92)	—

续表

变量指标	被解释变量：单位面积种苗成本/(元/亩)							
	OLS				2SLS			
	分效应		综合效应		分效应		综合效应	
	规模户	普通户	规模户	普通户	规模户	普通户	规模户	普通户
外部政策变量								
(享受林业补贴政策=1；没有享受林业补贴政策=0)	9.903 (6.943)	−4.546 (10.58)	11.93* (6.865)	−6.187 (10.49)	13.07 (9.225)	−10.48 (12.97)	14.12 (9.439)	−12.30 (12.08)
林农家庭特征变量								
家中是否有人担任村干部 (1=是；0=否)	0.127 (8.760)	−7.712 (11.39)	−2.471 (8.651)	−10.23 (11.30)	8.788 (12.68)	−20.53 (17.45)	3.443 (14.48)	−21.83 (16.85)
户主受教育程度(以小学为参照组)**及年龄**								
初中	−20.04** (9.574)	−7.907 (11.66)	−19.89** (9.560)	−10.01 (11.60)	−16.87 (10.90)	−22.09 (18.12)	−20.31** (9.998)	−21.50 (16.54)
高中及以上	−1.104 (20.03)	10.38 (24.00)	−1.545 (20.05)	7.696 (23.90)	3.322 (21.66)	16.05 (27.91)	0.063 (22.14)	−7.387 (29.36)
户主年龄/岁	0.170 (0.488)	−0.060 (0.613)	0.242 (0.493)	0.0287 (0.607)	0.162 (0.499)	0.473 (0.854)	−0.122 (0.793)	0.382 (0.752)
地区变量(以浙江省为参照组)								
福建省	−19.50 (15.00)	−10.82 (23.89)	−16.44 (16.06)	0.758 (23.35)	−24.79 (23.11)	10.04 (32.19)	−34.82 (65.31)	28.94 (42.92)
江西省	−31.73** (14.75)	−3.396 (22.36)	−33.89** (14.62)	5.415 (22.16)	−24.93* (13.53)	0.0403 (19.76)	−37.90 (33.25)	23.80 (31.20)
常数项	94.19** (41.15)	121.4** (47.87)	85.11** (42.50)	102.2** (48.46)	107.4*** (35.08)	37.22 (88.96)	137.2 (103.7)	15.43 (97.81)
样本数	138	312	138	312	138	312	138	312
识别不足检验	—	—	—	—	5.601**	4.556**	2.054	5.759**
弱识别检验					5.204	4.401	1.873	5.604
R 平方	0.309	0.331	0.399	0.340	0.369	0.338	0.378	0.364

***代表在 1%水平上显著，**代表在 5%水平上显著，*代表在 10%水平上显著，括号内数据为标准误差

表 6-9 非农就业对不同规模林农最大地块单位面积其他生产资料成本影响模型估计结果

变量指标	被解释变量：单位面积其他生产资料成本/(元/亩)							
	OLS				2SLS			
	分效应		综合效应		分效应		综合效应	
	规模户	普通户	规模户	普通户	规模户	普通户	规模户	普通户
关键变量								
家庭非农收入/千元	0.380 (0.236)	0.300 (0.452)	—	—	0.928×10^{-3}** (0.455×10^{-3})	2.80×10^{-3}* (1.64×10^{-3})	—	—
家庭人均劳动力非农就业时间/月	−8.519 (14.28)	−11.57 (11.37)	—	—	−156.7* (94.07)	−241.3* (140.5)	—	—
是否非农就业(1=是；0=否)	—	—	−60.74 (122.1)	−148.9 (94.05)	—	—	−1845 (1677)	−1787* (960.1)
地块经营特征变量								
单位面积种植密度/(株/亩)	−0.708 (0.789)	−1.531*** (0.509)	−0.731 (0.792)	−1.535*** (0.505)	−1.720 (1.069)	−1.865** (0.802)	−1.968 (1.443)	−1.529** (0.705)
最大地块面积/亩	0.290 (0.215)	−3.612 (2.261)	0.316 (0.213)	−3.391 (2.237)	0.602* (0.345)	−5.128 (3.524)	0.515 (0.394)	−2.609 (3.142)
最大地块离最近公路距离/km	−0.819 (13.23)	10.11 (17.76)	−1.842 (13.11)	10.78 (17.68)	25.34 (22.84)	44.40 (32.54)	7.858 (21.69)	44.25 (30.00)
最大地块立地质量(以质量中等为参照组)								
好	−35.09 (103.2)	166.2* (85.36)	−55.34 (103.7)	165.7* (85.03)	−11.72 (133.5)	195.2 (128.7)	−202.9 (206.0)	180.1 (117.7)
差	−575.8*** (168.8)	−432.6*** (128.5)	−569.5*** (169.7)	−446.8*** (127.9)	−757.4*** (252.7)	−713.2*** (260.7)	−812.7** (366.5)	−707.8*** (236.3)
最大地块产权形式								
(承包山=1；非承包山=0)	−138.8 (121.3)	—	−113.5 (120.9)	—	−82.22 (161.7)	—	−15.64 (213.8)	—
外部政策变量								
(享受林业补贴政策=1；没有享受林业补贴政策=0)	66.64 (80.62)	101.4 (81.15)	85.22 (79.97)	110.3 (80.58)	133.2 (138.5)	84.73 (131.7)	160.2 (177.6)	117.7 (120.8)
林农家庭特征变量								
家中是否有人担任村干部(1=是；0=否)	−119.4 (101.6)	−73.73 (87.29)	−137.7 (100.7)	−62.24 (86.75)	98.44 (188.6)	118.1 (176.1)	96.41 (270.4)	138.6 (167.7)

续表

变量指标	被解释变量：单位面积其他生产资料成本/(元/亩)							
	OLS				2SLS			
	分效应		综合效应		分效应		综合效应	
	规模户	普通户	规模户	普通户	规模户	普通户	规模户	普通户
户主受教育程度(以小学为参照组)**及年龄**								
初中	50.02 (111.8)	132.5 (89.80)	47.37 (112.0)	139.7 (89.55)	134.8 (166.3)	337.5* (180.3)	68.74 (187.9)	335.8** (164.9)
高中及以上	626.3*** (234.8)	239.6 (185.1)	625.5*** (235.6)	262.9 (184.6)	846.4*** (325.9)	149.8 (285.3)	857.5** (418.0)	519.6* (293.1)
户主年龄/岁	2.523 (5.660)	−1.972 (4.722)	1.530 (5.741)	−2.299 (4.689)	2.572 (7.324)	−9.986 (8.774)	−11.69 (14.75)	−8.326 (7.526)
地区变量(以浙江省为参照组)								
福建省	494.9*** (173.9)	473.5** (183.7)	403.8** (186.8)	408.9** (179.6)	233.4 (347.4)	230.1 (330.4)	−679.0 (1255)	−51.28 (428.1)
江西省	197.6 (171.0)	410.5** (171.5)	110.8 (170.1)	352.1** (170.2)	134.1 (198.1)	408.0** (199.5)	−480.0 (624.9)	44.55 (310.5)
常数项	689.1 (513.0)	1289*** (403.2)	805.1 (530.4)	1386*** (406.6)	1865*** (561.2)	2725*** (980.7)	3766* (2110)	2966*** (1000)
样本数	138	312	138	312	138	312	138	312
识别不足检验	—	—	—	—	5.211**	4.628**	1.796	5.770**
弱识别检验					4.788	4.457	1.622	5.596
R 平方	0.355	0.240	0.342	0.243	0.325	0.332	0.329	0.348

***代表在 1%水平上显著，**代表在 5%水平上显著，*代表在 10%水平上显著，括号内数据为标准误差

6.2.3 非农就业对林农林地流入面积及意愿的影响

由于要进一步证明非农就业对林农营林投入的挤出效应，而林地又是林业生产要素中的基本要素，是林业经营投入的主要构成部分，因此笔者进一步讨论了非农就业对林农林地流入面积及其意愿影响的作用机制(表 6-10)，可以发现两者的作用机制及其方向类似。从综合效应模型估计结果可见，林农非农就业会对林地流入面积和意愿有显著抑制作用，即非农就业增加导致林农林地流入面积和意愿的显著减少。

表 6-10　非农就业对林农林地流入面积和意愿影响的回归模型估计

变量指标	被解释变量：林农林地流入面积/亩		被解释变量：林地流入意愿	
	分效应	综合效应	分效应	综合效应
关键变量				
家庭非农收入/元	$7.14\times10^{-4*}$ (3.96×10^{-4})	—	0.003 (0.034)	—
家庭劳动力人均非农就业时间/月	-7.332^{**} (3.344)	—	$-2.14\times10^{-6**}$ (9.29×10^{-7})	—
是否非农就业(1=是；0=否)	—	-15.09^{**} (6.63)	—	-0.532^{*} (0.305)
外部政策变量				
享受林业补贴政策=1；没有享受林业补贴政策=0	15.59 (27.79)	45.86 (30.17)	0.635^{***} (0.208)	0.635^{***} (0.208)
林农家庭特征变量				
家中是否有人担任村干部(1=是；0=否)	35.09 (32.48)	31.10 (35.70)	0.138 (0.253)	0.079 (0.253)
户主受教育程度(以小学为参照组)**及年龄**				
初中	33.68 (35.57)	34.99 (39.05)	0.296 (0.278)	0.279 (0.276)
高中及以上	25.81 (71.47)	16.71 (79.10)	0.350 (0.555)	0.277 (0.554)
户主年龄/岁	-5.599^{***} (1.859)	-7.294^{***} (2.051)	-0.060^{***} (0.015)	-0.060^{***} (0.015)
地区变量(以浙江省为参照组)				
福建省	48.04 (60.14)	−48.26 (66.35)	1.150^{**} (0.454)	1.144^{**} (0.466)
江西省	−18.68 (57.86)	-129.9^{**} (62.50)	1.320^{***} (0.432)	1.236^{***} (0.437)
常数项	197.6 (140.2)	308.0^{*} (157.2)	0.374 (1.120)	0.088 (1.146)
样本数	450	450	450	450
LR 检验	73.50^{***}	25.33^{***}		

***代表在 1%水平上显著，**代表在 5%水平上显著，*代表在 10%水平上显著，括号内数据为标准误差

从分效应模型中可以发现，家庭非农就业带来的劳动力流失效应对流入面积和意愿有显著负向影响，即随着家庭劳动力人均非农就业时间的上升，不同规模林农的生计依赖性主要向非农倾斜，这导致了林农营林投资积极性的下降，也使其不愿意转入林地；而非农就业的收入效应则对林农流入面积有正向影响，林地的转入需要有雄厚的资金作为保障，从非农就业所获得的收入释放了林农林地转入的资金约束，促进其林地转入，但对其流入意愿影响并不显著。两方面综合来看，劳动流失效应大于收入效应导致非农就业会对林地流入面积有显著抑制作用，由此可见，林农家庭非农就业的增加将对其营林行为具有抑制作用，同时也为林地规模化经营提供了条件。

6.3 小　　结

1) 随着家庭劳动力人均非农就业时间延长，不同规模林农营林成本呈下降趋势。无论是规模户还是普通户，随着家庭劳动力人均非农就业时间的延长，林农林地的单位面积营林总成本、自用工成本有减少的趋势；而规模户通过在一定程度上增加种植密度来替代其他要素投入，保证相应产出。

2) 随着家庭劳动力人均非农就业时间和非农收入增长，林农林地流转面积和意愿会呈现不同方向变化趋势。家庭劳动力人均非农就业时间延长同样会导致林农林地流入面积和意愿下降；非农就业所产生的收入可促使林农林地流入规模增加，也会导致林农林地流入意愿更强烈。

3) 无论是规模户还是普通户，非农就业都对其单位面积营林成本和自用工成本有抑制作用，且对普通户的影响大于规模户。主要原因是非农就业所带来的劳动力流失效应导致了林农生计非农化，这促使了林农营林投资积极性的下降。但规模户与普通户的区别在于，规模户在非农就业背景下会增加种苗投入，通过增加种植密度来确保产出效益，而普通户则不会，因此这可能是造成不同规模林农营林效益差异的一个原因。

4) 林农非农就业会对林地流入面积和意愿有显著抑制作用，即非农就业增加导致林农林地流入面积和意愿的显著减少。其中主要的原因仍然在于家庭非农就业带来的劳动力流失效应，这为普通户在非农就业背景下营林效益的下降提供了解释，也为林地规模化经营提供了条件。

5）无论是规模户还是普通户，非农就业所带来的收入并没有全面带动用材林经营的投资，表现在单位面积营林成本的减少。因此非农收入的增加并没有带来林业生产要素投入的增加。林业相对于非农行业而言，投资报酬率低且营林周期长，随着生计来源逐步的非农化，尤其是普通林农更不愿意投资用材林经营。规模户较普通户而言，之所以非农就业对其营林效益更优，并不是因为规模户更愿意全程性追加要素投入，而是因为其会更追求种植密度及相关技术的优化。

7 非农就业对不同规模林农营林采伐决策影响的异质性

本章重点分析非农就业对不同规模林农采伐决策的影响，承接第 6 章，从采伐决策视角揭示非农就业背景下不同规模林农营林效益差异的深层次原因与内在机制。重点回答：不同规模林农的理论最优采伐决策是什么？在不同规模林农之间是否也存在预期营林采伐决策与理论最优采伐决策的差异？非农就业对林农营林采伐决策产生何种影响，又如何影响着不同规模林农营林效益的差异？本章内容分为 4 个部分：首先，运用 Faustmann 模型测算不同规模林农理论最优轮伐期和林地期望值变化；其次，采用描述性统计比较非农就业与不同规模林农营林的预期轮伐期及理论最优轮伐期之间的变化趋势；再次，采用计量经济模型分析非农就业对林农营林预期轮伐期、预期轮伐期与理论最优轮伐期偏差的影响机制；最后，在此基础上进行总结。

7.1 不同条件下林农营林的理论最优轮伐期和林地期望值

林农的采伐决策直接影响到营林周期长短和木材培育的目标，是林农营林中最重要的决策行为。基于目前样本点不同规模林农杉木营林的一个完整生产周期投入和产出数据，理论上针对不同规模林农存在一个理论最优轮伐期。但由于受到非农就业的影响，林农的预期采伐时间会与这一理论最优轮伐期存在一定的差异，因此考察非农就业对于林农自身预期采伐决策的影响[①]，以及受其影响该决策与理论最优决策是否存在趋同性，对于理解非农就业背景下林农采伐决策的合理性及其对实现南方集体林区森林经营最优目标的影响显得尤为必要。

---

① 由于营林周期长，农户实际轮伐期的数据获取无法与非农就业数据对应，无法检验非农就业对不同规模林农营林采伐决策的影响，因此在本次调查中以 2015 年为基年，调查农户在当前家庭劳动力配置下预期的采伐时间，作为农户决策行为的代理变量。

在林业经济学界，理论最优轮伐期测算包括了三类目标，即木材收获最大化、林木净现值最大化及林地期望收益最大化。而前两类没有考虑到土地的机会成本问题，因此往往认为林地期望收益最大化下的轮伐期是经济上最合理的采伐决策。本节基于该目标，采用 Faustmann 模型测算不同规模林农杉木营林的理论最优轮伐期和林地期望值。

7.1.1 模型选择

要计算林地期望收益最大化下的轮伐期需要了解不同树龄下杉木的理论生长模拟数据(蓄积、胸径和树高等)，也需要有测算林地期望价值的计算方法，因此需要使用杉木的生长模型和 Faustmann 模型。

7.1.1.1 杉木生长模型

国内学者开展了大量的杉木生长模型和经济成熟龄的研究，但时间相对较早，如周国模等(2001)、吴载璋和吴锡麟(2004)及陈则生(2010)的研究。为了测算杉木不同生长年份的蓄积量且考虑变量的可得性，笔者采用陈则生设计的生长模型，其生长模型可以表示为

$$M = b_1 SI^{b_2}[1-\exp(-kt)]^c \tag{7-1}$$

式中，M 表示杉木蓄积量；SI 表示立地指数；t 表示林分年龄。b_1=4.535 47，b_2=1.609 31，c=3.720 004，k=0.096 004，立地指数按照立地条件好、中、差分别设定为 SI=16、SI=12、SI=8(朱臻等，2013)。

由于木材是根据胸径不同制定相应的木材价格，为了确定不同龄级的木材市场价格，需要采用杉木的平均胸径和树高模型测算，采用陈则生(2010)的胸径和树高模型，如式(7-2)和式(7-3)式所示。

$$\bar{D} = 1.778\,71 SI^{1.387\,91}[1-\exp(-0.011\,672t)]^{0.801\,27} \tag{7-2}$$

$$\bar{H} = 14.803\,2 SI^{0.421\,32}[1-\exp(-0.009\,42t)]^{0.702\,61} \tag{7-3}$$

式中，$\bar{D}$ 表示杉木平均胸径；$\bar{H}$ 表示杉木平均树高；SI 表示立地指数；t 表示林分年龄。立地指数同样按照立地条件好、中、差分别设定为 SI=16、SI=12、SI=8(朱臻等，2013)。

7.1.1.2 Faustmann 模型

Faustmann(1849)在考虑土地机会成本基础上假定土地一直重复用来生产木材，把所有未来的收益都贴现到现在的价值，其总贴现的价值相当于土地的价值，以此来确定木材的理论最优轮伐期。其具体公式如下：

$$LEV = \lim_{n\to\infty} \max_{t,E}[p_t Q(t,E) - wEe^{rt}](e^{rt}-1)^{-1} \tag{7-4}$$

式中，LEV 表示林地的期望值；p_t 表示木材价格；E 表示要素投入量；w 表示要素投入价格①；r 表示市场贴现率②；t 表示轮伐期；Q 代表木材的蓄积，它是由要素投入量 E 和轮伐期 t 决定的一个函数。其中当 LEV 达到最大值时，对应的轮伐期即为理论最优轮伐期。

7.1.2 不同条件下林农理论最优轮伐期和林地期望值测算

根据杉木生长模型可以获取不同树龄下的模拟蓄积和胸径，结合林农调查中获取的营林各环节的投入产出数据，采用 Faustmann 模型测算了林农理论最优轮伐期和最大林地期望值，见表 7-1。可以发现，无论是普通户还是规模户，在现有的营林投入情况下，在 2%的贴现率下最大地块杉木营林的理论最优轮伐期都维持在 31 年左右。但是不同地区规模户与普通户最大地块理论最优轮伐期所对应的最大林地期望值有一定的差异。三省平均而言，规模户 31 年树龄下的林地期望价值比普通户高 3.07%，除了福建省外，一般而言规模户林地的投资价值明显高于普通户，主要原因在于福建省规模户在最大地块上的一个周期内的单位面积营林成本投入显著高于普通户(规模户单位面积营林成本比普通户高 19.21%)。

---

① 在这里采用的要素投入以第 4 章中的林农在一个周期中的营林成本调查数据为基础，测算该投入情况下的理论最优轮伐期和林地期望值。测算林地期望值需要对应不同胸径的木材价格，本研究采用了第 4 章中所采用的杉木市场价格数据，胸径 6cm 以下 300 元/m³；6～8cm 为 800 元/m³；8～12cm 为 850 元/m³；12～16cm 为 900 元/m³；16～20cm 为 900 元/m³；20cm 以上为 1100 元/m³。

② 在这里所采用的贴现率仍为年贴现率 2%(2015 年国内主要银行平均 1 年期存款利率)，与第 4 章分析保持一致。

表 7-1 不同地区林农最大地块杉木营林的理论最优轮伐期和最大林地期望值测算

林区	最大地块营林理论最优轮伐期/年		最大地块营林最大林地期望值/(元/hm^2)	
	普通户	规模户	普通户	规模户
浙江	31	31	115 830	118 471
福建	31.6	31.6	113 819	92 621
江西	31	31	100 437	133 093
平均	31.1	31.1	112 943	116 412

笔者同时模拟和对比了在不同地区、不同立地条件和是否非农就业条件下的理论最优林地期望值的变化(图 7-1～图 7-3)。可以发现，这三种情景下的理论最优轮伐期都没有发生变化，都为 31 年。但是与之对应的最大林地期望值存在一定的差异。从地区来看，根据现有的投入产出调查数据，浙江省普通户在不同树龄下的模拟林地期望值都要高于福建和江西省，而江西省的规模户在不同树龄下的模拟林地期望值则要高于福建和浙江省，即江西省的林地投资更体现规模效益。从不同立地条件来看，与原有的研究一致，无论是规模户还是普通户，在好、中、差立地条件下的林地投资价值差异显著。规模户中立地条件好的最大林地期望值为立地条件差的 25.7 倍(规模户中立地条件好的林地最大林地期望值为 160 845 元/hm^2，而立地条件差林地的最大林地期望值仅为 6258 元/hm^2)；普通户中立地条件好的最大林地期望值是立地条件差的 36.4 倍(普通户中立地条件好的林地最大林地期望值为 156 647 元/hm^2，而立地条件差林地的最大林地期望值仅为 4298 元/hm^2)，横向比较而言，规模户在不同立地条件林地上的投资价值都高于普通户，再次从理论上证明了规模经营的优越性。从是否非农就业角度来看，无论是规模户还是普通户，存在非农就业的林农的林地期望值都要高于没有非农就业的林农，即理论上非农就业会带来林地投资价值的提高，而非农就业规模户的最大林地期望值又要高于非农就业普通户(非农就业规模户的最大林地期望值为 120 244 元/hm^2，而非农就业普通户的最大林地期望值为 118 380 元/hm^2)，再次证明了非农就业对于不同规模林农林地投资价值的影响存在一定差异，从提升林地投资价值角度来判断，非农就业更需要规模化经营。

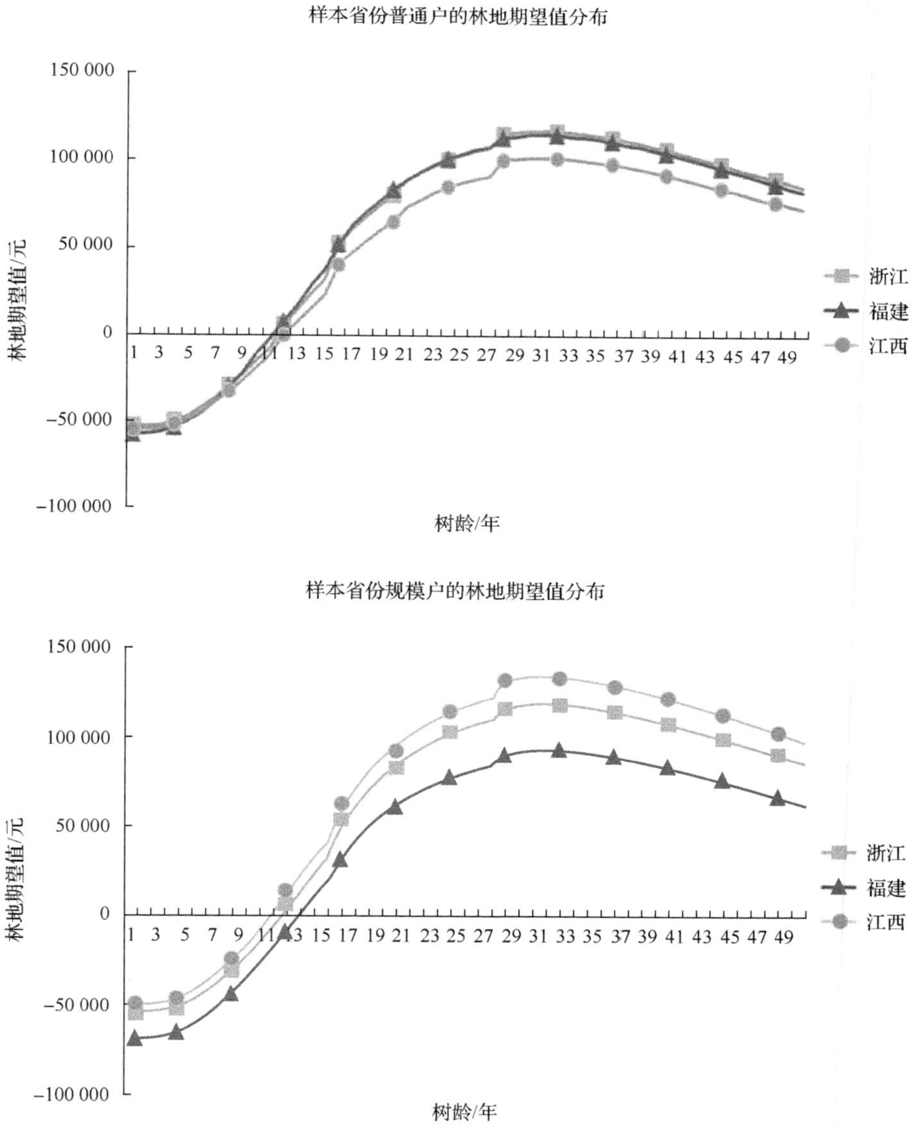

图 7-1 规模户与普通户不同样本省份林地期望值分布对比

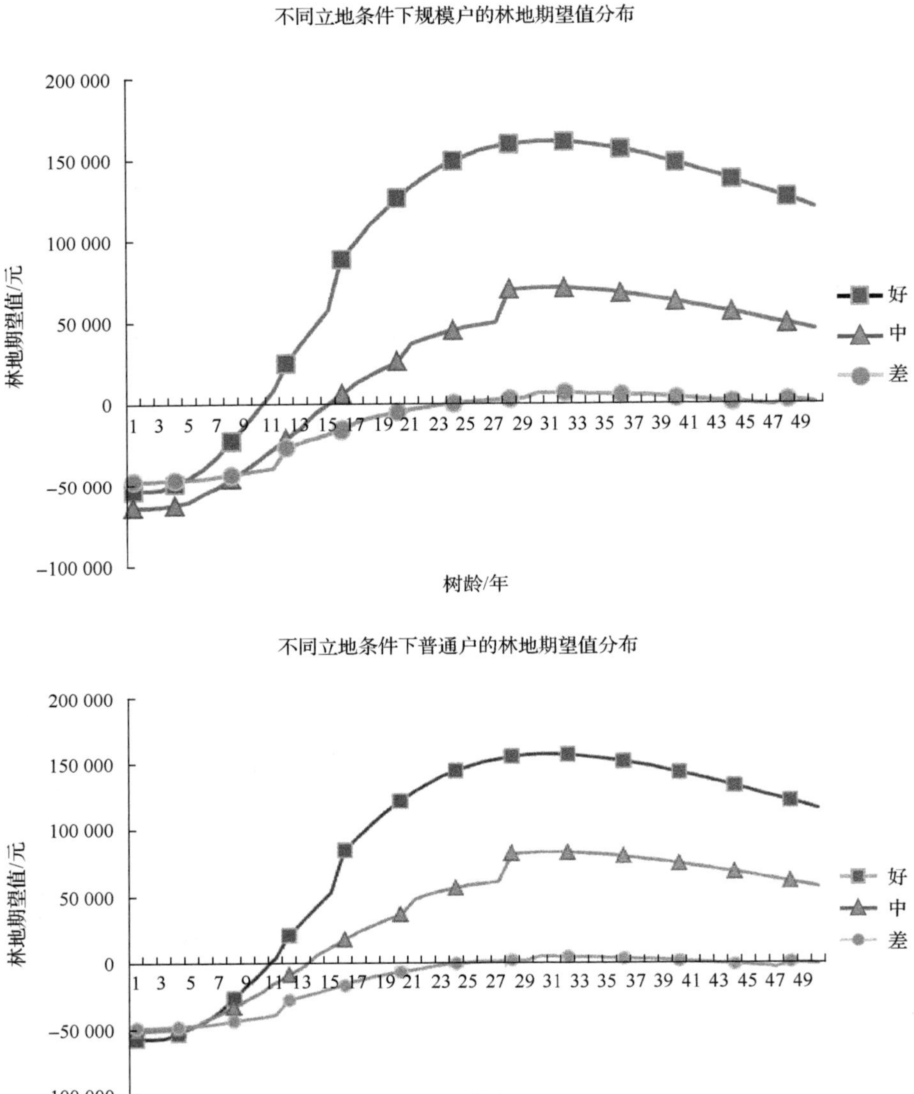

图 7-2　规模户与普通户不同立地条件下林地期望值分布对比

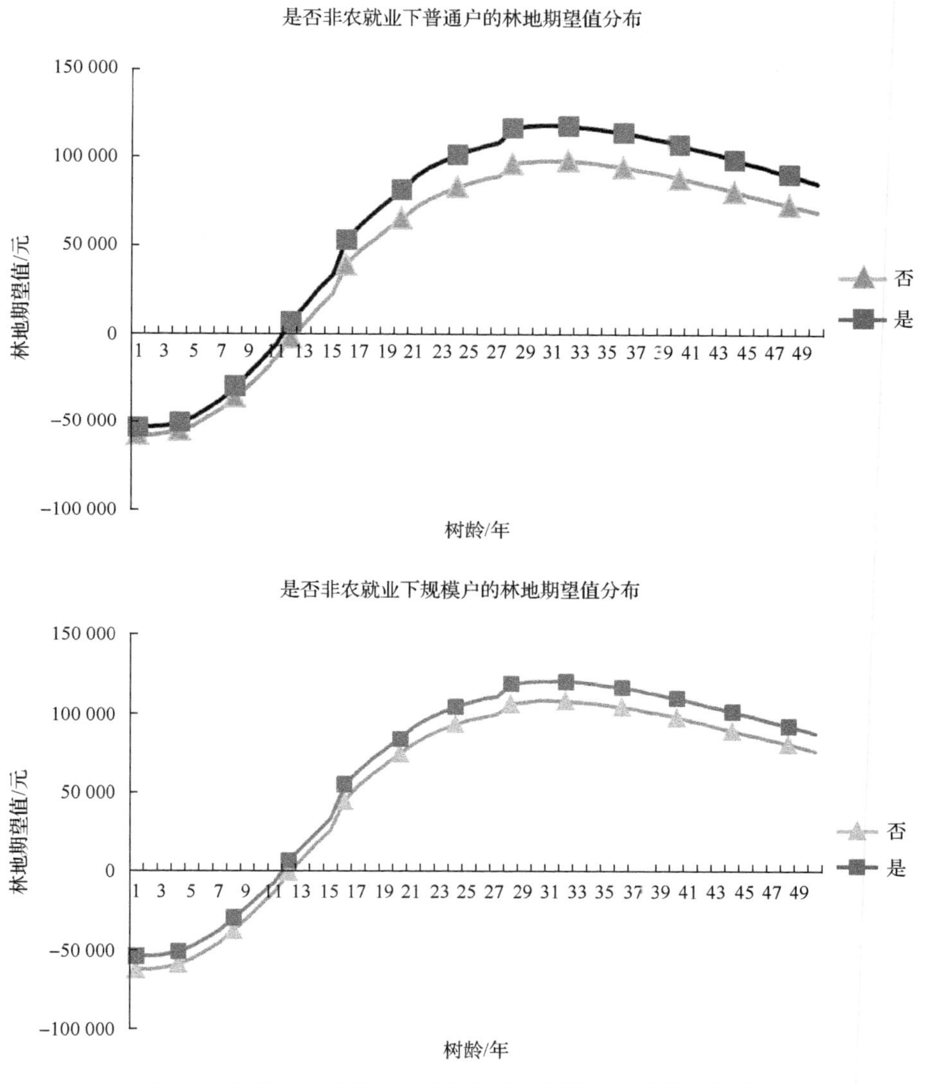

图 7-3　规模户与普通户是否非农就业下林地期望值分布对比

7.2　非农就业与不同规模林农营林轮伐期的描述性统计

为了反映林农非农就业与不同规模林农营林采伐决策的关系，笔者从林农非农就业指标与其预期轮伐期、预期轮伐期与理论最优轮伐期的差异的交叉统计来反映两者之间的变化趋势。

7.2.1 非农就业与不同规模林农营林预期轮伐期的交叉统计

由表 7-2 中可见，从家庭劳动力人均非农就业时间与不同规模林农最大地块营林的平均预期轮伐期的关系来看，规模户家庭劳动力人均非农就业时间与其最大地块营林的平均预期轮伐期都没有明显线性关系，其在家庭劳动力人均非农就业时间 6～9 个月时的最大地块平均预期轮伐期最大，为 26.3 年，这与第 5 章表 5-1“不同规模林农非农就业指标及雇工投入比例与其营林经济效益的交叉统计”中该区间的最大地块单位面积平均材积最大相符。而普通户随着家庭劳动力人均非农就业时间的延长，其最大地块营林的平均预期轮伐期都呈下降趋势，这也与第 5 章表 5-1“不同规模林农非农就业指标及雇工投入比例与其营林经济效益的交叉统计”的变化趋势相符，由此可以发现，不同规模林农的最大地块平均预期轮伐期与其营林的经济效益及生态效益有一定的正相关关系，即普通户的采伐决策的提前，可以促使其营林的预期轮伐期缩短，导致其营林的预期经济效益与生态效益减少。从家庭非农收入与不同规模林农营林的预期轮伐期关系来看，规模户随着家庭人均非农收入水平的提高，最大地块营林的平均预期轮伐期逐渐延长，这也与第 5 章表 5-1“不同规模林农非农就业指标及雇工投入比例与其营林经济效益的交叉统计”的变化趋势相符，说明规模户的采伐决策延后可以提升营林的生态效益。而普通户的非农收入水平与最大地块营林的平均预期轮伐期没有明显的线性关系。

表 7-2　非农就业与不同规模林农最大地块营林的预期轮伐期和理论最优轮伐期偏差的交叉统计

变量	指标分类	最大地块平均营林预期轮伐期/年		最大地块预期轮伐期与理论最优轮伐期平均偏差/年	
		规模户	普通户	规模户	普通户
家庭劳动力人均非农就业时间(月)	≤1	23.0	24.0	8.0	7.0
	(1～3]	23.5	23.5	7.5	7.5
	(3～6]	23.1	22.5	7.9	8.5
	(6～9]	26.3	21.8	4.7	9.2
	(9～12]	21.5	21.7	9.5	9.4
家庭人均非农收入排名	≤25	25.3	24.2	5.7	6.8
	(25～50]	23.2	23.0	7.8	8.0
	(50～75]	22.9	21.5	8.1	9.5
	(75～100]	22.9	22.1	8.1	8.9

7.2.2　非农就业与不同规模林农营林预期及理论最优轮伐期偏差的交叉统计

农户在营林过程中会存在一个理论最优轮伐期，但由于受到非农就业的影响，林农的预期采伐时间会与这一理论最优轮伐期存在一定的差异。因此，笔者又对家庭户均非农就业时间、非农收入与林农预期轮伐期及理论最优轮伐期的平均偏差进行了交叉统计分析。从表 7-2 中可见，规模户随着家庭人均非农收入的增多，林农预期轮伐期与理论最优轮伐期的平均偏差在缩小，即意味着规模户随着非农就业收入的增多，林农的营林采伐决策会与理论最优轮伐期更接近，其采伐决策会更优化；而普通户则相反，随着户均非农就业时间的延长，其预期轮伐期与理论最优轮伐期的平均偏差在增加，即意味着普通户非农就业时间的延长会导致其提前采伐，这在一定程度上反映了非农就业造成普通户营林效益下降尤其是生态效益下降的原因。

7.3　非农就业对不同规模林农营林轮伐期的影响

为了进一步解释非农就业对不同规模林农营林轮伐期影响的异质性及其作用机制，需要建立计量模型加以分析。

7.3.1　计量经济模型和变量选取

根据本书第 3 章中的模型和变量选择，其中讨论非农就业对于营林轮伐期影响所采用的多元回归模型形式如下：

$$T_i = \alpha_0 + \varphi Loff_{it} + \delta Land_i + \lambda Policies_i + \gamma X_{it} + \varepsilon_i \tag{7-5}$$

式中，被解释变量为 T_i，表示林农 i 在其最大经营地块的预期营林采伐期和预期轮伐期与理论最优轮伐期的偏差。

关键解释变量中，$Loff_{it}$ 是衡量林农 i 家庭 2015 年非农就业情况的变量，该变量包括后文中提到的家庭成员是否存在非农就业、家庭劳动力人均非农就业时间和家庭非农收入水平。其中“家庭成员是否存在非农就业”（家庭成员人均连续非农就业时间超过 1 个月的即被认为是非农就业户），主要是反映非农就业所带来的综合效应对于不同规模林农营林决策行为影响的异质性，“家庭劳动力人均非农就业时间”和“家庭非农收入水平”主要反映林农非农就业带来的劳动力流失效应和收入效应分别对于不同规模林农营林决策行为的影响。与第 6 章讨论非农就业对于不同规模林农营林要素投入异质性影响的计量模型所选取的控制变量类似，其控制变量包括：$Land_i$表示林农 i 最大地块的经营特征。包括该地块的面积大小，地块离最近公路的距离(用以反映地块经营的便利性)，该地块权属是否为承包山(针对规模户存在林地流转行为，用以反映林农地块经营的产权安全性)，该地块的种植密度(用来反映杉木经营强度和技术手段)，以及地块的立地条件(用以反映土地的立地质量)。$Policies_i$ 为政策变量，代表林农 i 是否享受到外部的林业补贴政策，外部政策扶持将有效提高林农的营林积极性。X_{it} 代表其他控制变量，包括林农家庭社会特征(户主年龄、受教育程度和家中是否有人担任村干部)及区域虚拟变量，用来反映区域所造成的林地差异；ε_i 为符合独立同分布的随机扰动项；α_0 为常数项；φ、δ、λ、γ 为待估系数。

7.3.2　非农就业对不同规模林农营林预期轮伐期的影响

模型(表 7-3)估计结果反映了非农就业对不同规模林农最大地块营林的预期轮伐期的影响机制。综合效应模型中，关键变量在考虑其他因素不变情况下，非农就业的规模户对其营林的预期轮伐期在 10%水平上有显著正向影响，即非农就业可以促使规模户营林的预期轮伐期延长(非农就业的规模户比没有非农就业的规模户营林预期轮伐期多 1～2 年)。而与之相反，在考虑其他因素不变情况下，非农就业的普通户对其营林的预期轮伐期在 10%水平上有显著负向影响，即非农就业会造成普通户营林的预期轮伐期缩短(非农就业的普通户比没有非农就业普通户营林的预期轮伐期少约 1 年)。在其他控制变量方面，在地块经营特征上，其他变量不变情况下，单位面积种植密度与规模户和普通户营林的预期轮伐期分别在 5%和 1%水平上呈显著负向影响关系，说明林农种植密度的增加，往往以培育小径材为目标，进而会导致营林的预期轮伐期缩短。规模户最大地块产权形式是承包山经营往往会导致营林的预期轮伐期显著提前，承包山经营的产权形式一般具有一定的承包期限，在承包期结束后有很大的不确定性，从产权安全的期限性而言弱于自留山产权形式，因此林农会缩短营林的预期轮伐期以应对承包经营所带来的产权的不安全性和风险性。在地域变量上，其他条件不变情况下，福建省和江西省普通户营林的预期轮伐期显著大于浙江省。这两个省份林农对用材林经营收入相对于浙江省更加依赖。

表 7-3　非农就业对不同规模林农最大地块营林预期轮伐期及预期轮伐期与理论最优轮伐期偏差影响模型估计结果

变量指标	被解释变量：预期轮伐期/年				被解释变量：预期轮伐期与理论最优轮伐期偏差/年			
	分效应		综合效应		分效应		综合效应	
	规模户	普通户	规模户	普通户	规模户	普通户	规模户	普通户
关键变量								
家庭非农收入/千元	$3.51\times10^{-6*}$ (1.92×10^{-6})	4.93×10^{-7} (2.67×10^{-6})	—	—	$-3.48\times10^{-6*}$ (2.00×10^{-6})	-6.87×10^{-7} (2.66×10^{-6})	—	—
家庭劳动力人均非农就业时间/月	−0.179 (0.117)	−0.138** (0.067)	—	—	0.200 (0.121)	0.123* (0.067)	—	—
是否非农就业（1=是；0=否）	—	—	1.709* (0.993)	−1.037* (0.557)	—	—	−1.737* (1.035)	0.965* (0.559)
地块经营特征变量								
单位面积种植密度/(株/亩)	−0.014** (0.006)	−0.009*** (0.003)	−0.013** (0.006)	−0.008*** (0.003)	0.017*** (0.007)	0.010*** (0.003)	0.016** (0.007)	0.009*** (0.003)
最大地块面积/亩	0.0004 (0.002)	0.017 (0.013)	8.28×10^{-5} (0.002)	0.017 (0.013)	-2.57×10^{-4} (0.002)	−0.018 (0.013)	1.66×10^{-4} (0.002)	−0.019 (0.013)
最大地块离最近公路距离/km	0.171 (0.108)	−0.004 (0.105)	0.136 (0.107)	−0.002 (0.105)	−0.171 (0.112)	0.037 (0.105)	−0.133 (0.111)	0.036 (0.105)
最大地块立地质量（以质量中等为参照组）								
好	−1.519* (0.842)	0.548 (0.504)	−1.560* (0.843)	0.546 (0.504)	1.750** (0.873)	−0.614 (0.504)	1.798** (0.874)	−0.605 (0.503)
差	−0.272 (1.377)	1.062 (0.758)	0.223 (1.380)	1.076 (0.758)	1.303 (1.433)	−0.182 (0.761)	0.775 (1.437)	−0.191 (0.759)
最大地块产权形式								
（承包山=1；非承包山=0）	−2.499** (0.989)	—	−2.429** (0.983)	—	2.617** (1.030)	—	2.563** (1.025)	—
外部政策变量								
（享受林业补贴政策=1；没有享受林业补贴政策=0）	−0.104 (0.658)	−0.100 (0.479)	0.239 (0.650)	−0.103 (0.477)	0.064 (0.683)	0.119 (0.480)	−0.296 (0.675)	0.119 (0.477)

续表

变量指标	被解释变量：预期轮伐期/年				被解释变量：预期轮伐期与理论最优轮伐期偏差/年			
	分效应		综合效应		分效应		综合效应	
	规模户	普通户	规模户	普通户	规模户	普通户	规模户	普通户
林农家庭特征变量								
家中是否有人担任村干部(1=是；0=否)	−0.185 (0.829)	−0.018 (0.515)	−0.819 (0.818)	−0.027 (0.514)	−0.023 (0.863)	−0.115 (0.517)	0.646 (0.853)	−0.118 (0.515)
户主受教育程度(以小学为参照组)**及年龄**								
初中	−1.290 (0.912)	0.680 (0.530)	−1.507 (0.910)	0.677 (0.530)	1.450 (0.941)	−0.568 (0.532)	1.698* (0.938)	−0.570 (0.532)
高中及以上	−1.420 (1.915)	1.444 (1.092)	−1.873 (1.916)	1.667 (1.093)	1.074 (1.989)	−1.206 (1.096)	1.554 (1.992)	−1.413 (1.096)
户主年龄/岁	0.040 (0.046)	0.032 (0.028)	0.034 (0.028)	0.046 (0.047)	−0.036 (0.048)	−0.033 (0.028)	−0.042 (0.049)	−0.034 (0.028)
地区变量(以浙江省为参照组)								
福建省	0.755 (1.419)	3.169*** (1.084)	1.805 (1.519)	3.131*** (1.064)	−0.797 (1.440)	−2.993*** (1.054)	−1.965 (1.540)	−2.881*** (1.044)
江西省	2.326* (1.395)	4.150*** (1.012)	2.286 (1.383)	3.993*** (1.008)	−1.759 (1.430)	−3.986*** (1.006)	−1.730 (1.420)	−3.835*** (0.996)
常数项	22.49*** (4.185)	19.79*** (2.379)	20.22*** (4.312)	20.01*** (2.408)	2.811 (3.388)	9.017*** (2.041)	5.043 (3.595)	8.937*** (2.036)
样本数	138	312	138	312	138	312	138	312
R 平方	0.373	0.301	0.364	0.399	0.329	0.369	0.318	0.368

注：***代表在 1%水平上显著，**代表在 5%水平上显著，*代表在 10%水平上显著，括号内数据为标准误差

在分效应模型中可以进一步分解非农就业对不同规模林农营林预期轮伐期的影响。其他条件不变情况下，普通户家庭劳动力人均非农就业时间对其营林的预期轮伐期在 5%水平上有负向影响，而规模户家庭非农就业收入对其营林预期轮伐期在 10%水平上有正向影响。

7.3.3　非农就业对不同规模林农营林预期轮伐期与理论最优轮伐期偏差的影响

这部分的分析与 7.3.2 节的区别在于考察非农就业对不同规模林农营林采伐最优决策的影响，即非农就业可以促使哪类林农的采伐决策更优化，更趋向于最优采伐决策目标。

模型(表7-3)估计结果反映了非农就业对不同规模林农最大地块营林的预期轮伐期与理论最优轮伐期偏差的影响机制。综合效应模型中，关键变量在考虑其他因素不变情况下，非农就业的规模户对其预期轮伐期与理论最优轮伐期偏差在10%水平上有显著负向影响，即非农就业可以促使规模户营林的预期轮伐期与理论最优轮伐期接近，促使其采伐营林决策趋向最优化。而与之相反，在考虑其他因素不变情况下，非农就业的普通户对其预期轮伐期与理论最优轮伐期偏差在10%水平上有显著正向影响，即非农就业会造成普通户营林的预期轮伐期提前，从而远离理论最优轮伐期，这一影响机制与7.3.2节的分析结果相同。其他控制变量方面，在地块经营特征上，在其他变量不变情况下，单位面积种植密度与规模户和普通户的预期轮伐期及理论最优轮伐期偏差都在1%水平上呈显著正向影响关系，最大地块产权形式是承包山经营往往会导致预期轮伐期与理论最优轮伐期偏差显著增加，而福建省和江西省普通户的预期轮伐期与理论最优轮伐期偏差显著小于浙江省。这两个省份林农对用材林经营收入相对于浙江省更加依赖。这些控制变量的作用机制也都与7.3.2节的分析结果相同。

在分效应模型中可以进一步分解非农就业对不同规模林农预期轮伐期与理论最优轮伐期偏差的影响。其他条件不变情况下，普通户平均非农就业时间对其预期轮伐期与理论最优轮伐期偏差在10%水平上有显著正向影响，而规模户的非农收入对其预期轮伐期与理论最优轮伐期偏差在10%水平上有显著负向影响。

7.4　小　　结

1)基于目前所调查的一个完整营林周期的林农投入产出情况，不同规模林农理论上的理论最优轮伐期趋同，但是各地区的林地最大期望值则有差异。无论是规模户还是普通户，存在非农就业的林农的林地期望值都要高于没有非农就业的林农，即理论上非农就业会带来林地投资价值的提高，而非农就业规模户的最大林地期望值又要高于非农就业普通户，从理论上提升林地投资价值来判断，非农就业更需要规模化经营。

2)随着家庭劳动力人均非农就业时间的延长和非农收入的增多，不同规模林农呈现出不同的采伐决策。规模户随着家庭劳动力人均非农就业时间的延长和非农收入的增多，林农预期轮伐期与理论最优轮伐期的偏差在缩小，即意味着规模户随着非农就业的增多，林农的营林采伐决策与理论最优轮伐期会更接近，其采伐决策会更优化；而普通户则相反，随着家庭劳动力人均非农就业时间的延长，其预期轮伐期与理论最优轮伐期的偏差在增加，即意味着普通户家庭劳动力人均非农就业时间的延长会导致其提前采伐，这在一定程度上反映了非农就业造成普通户营林效益下降，尤其是生态效益下降的原因。

3）非农就业带来的劳动力流失效应和收入效应会对不同规模林农营林的预期轮伐期产生影响，且存在异质性，这是造成非农就业对于不同规模林农营林效益影响差异的主要原因。普通户在非农就业流失效应的作用下轮伐期会提前。普通户在已经开展用材林经营的背景下，由于家庭劳动力转移非农就业，在劳动力供给约束强、流动性约束较紧且非农就业比较收益较高的情况下，会考虑提前采伐木材，从而减少延后大径材采伐带来的成本增加，这样也可将营林劳动力配置到比较收益较高的非农就业上；此外，由于规模限制，正常或延后采伐带来的收益增加有限，因此也会导致其预期轮伐期提前；而规模户则在非农就业收入效应的作用下预期轮伐期会延后。一方面是由于非农就业带来的收入效应缓解了其流动性约束，带来了更为宽松的家庭预算（规模户户均家庭总收入是普通户的 2.6 倍），另一方面规模户经营面积大，随轮伐期延长所带来的规模效应可以明显增加收益，这都为其增大了适当延后培育大径材利润增加的可能性。由此可见，不同规模林农在面临非农就业情况下会选择不同采伐决策，造成了非农就业背景下不同规模林农营林效益的异质性。

8　结论与政策建议

本章主要在总结前面章节研究结论的基础上，基于南方集体林区实际和规模化经营背景，提出政府提升南方集体林区不同规模林农营林效益的扶持政策。主要分为两部分，首先是主要对前面4～7章的研究发现进行系统梳理和总结，得出本研究的主要研究结论；其次在此基础上提出政府提升南方集体林区不同规模林农营林效益的扶持政策。

8.1　主要研究结论

本书在针对南方集体林区林业经营中规模化政策导向合理性问题的基础上，在农村劳动力非农就业的背景下，借鉴NELM理论，发展了非农就业对不同规模林农营林效益异质性影响的分析框架，从非农就业及其所带来的雇工劳动两个视角出发，在理性层面系统剖析了非农就业、雇工劳动对营林效益的影响机制。同时以杉木为研究树种，以浙江、福建和江西三省作为样本点，基于农户调查数据，进行了非农就业对不同规模林农营林效益异质性影响的实证研究，并从非农就业视角进一步实证分析了造成该异质性影响的原因和微观机制。得出的非农就业对不同规模林农营林效益异质性及其原因的总结见表8-1。

表8-1　非农就业对不同规模林农营林效益异质性及其原因的总结

<table>
<tr><th rowspan="3">林农分类</th><th colspan="3">营林效益</th><th colspan="4">营林效益异质性原因</th></tr>
<tr><th colspan="2">经济效益</th><th>生态效益</th><th colspan="2">采伐决策</th><th colspan="2">要素投入</th></tr>
<tr><th>单位面积营林材积</th><th>单位面积营林利润净现值</th><th>单位面积碳汇价值</th><th>预期轮伐期</th><th>预期与理论最优轮伐期偏差</th><th>单位面积营林总成本</th><th>流入面积和意愿</th></tr>
<tr><td>规模户</td><td>收入效应(+)</td><td>收入效应(+)</td><td>收入效应(+)</td><td>收入效应(+)</td><td>收入效应(−)</td><td>收入效应(−)</td><td rowspan="2">流失效应(−)</td></tr>
<tr><td>普通户</td><td>流失效应(−)</td><td>流失效应(−)</td><td>流失效应(−)</td><td>流失效应(−)</td><td>流失效应(+)</td><td>流失效应(−)</td></tr>
</table>

主要结论如下。

1) 规模户与普通户在用材林经营目标上存在差别。规模户一般以培育大径材为经营目标，而普通户一般以培育小径材为主。因此双方在种植选择和地块立地条件上存在区别，规模户地块种植密度明显低于普通户，而在林地质量条件上优于普通户。

2) 规模户相对于普通户的单位面积营林成本更高，高投入环节上存在一定区别，但规模户营林的单位产品成本要小于普通户。规模户平均单位面积营林成本要高于普通户，主要原因在于其承担了较高的雇工和地租成本。而在营林成本投入环节方面，普通户由于重视密植，种植成本较高，而规模户则更重视营林抚育管理，抚育成本较高。规模户营林的单位产品成本要小于普通户，体现了一定的规模经济。

3) 规模户的营林单位面积平均材积量和碳汇价值比普通户高，但由于规模户承担了较高的雇工和地租成本，导致三省普通户单位面积杉木的营林利润净现值反而高于规模户。三省相比，作为杉木的主要产区，福建省不同规模林农的单位面积材积、收入、利润净现值与碳汇价值都要高于其他两省。

4) 非农就业增加会导致普通户用材林经营的经济效益和生态效益显著下降，规模户用材林经营的经济效益和生态效益显著增加。造成非农就业对不同规模林农营林效益影响存在异质性的主要原因是，非农就业所带来的劳动力流失效应和收入效应对普通户与规模户存在差异。对于普通户，非农就业的劳动力流失效应发挥主要作用；而对于规模户，非农就业增加所带来的收入效应发挥主要作用。由此可见，在目前农村劳动力非农转移不断加速的背景下，南方集体林区推动林业规模化经营有其必要性。

5) 规模化后雇工增加导致的劳动质量问题是影响营林效益的重要负面因素，是制约林业规模化经营的重要瓶颈之一。就雇工劳动对不同规模林农营林效益异质性影响的计量经济分析结果表明，在劳动力供给一定情况下，由于道德风险问题的存在，雇工劳动比例的提升直接导致了规模户营林产出、利润净现值和碳汇价值的下降。

6) 非农就业所带来的收入增加并没有全面带动林农用材林经营的投资，且造成林农对林地投资意愿的减弱，这一影响对普通户尤为明显。从非农就业对不同规模林农营林成本及其结构影响的计量经济分析结果可以发现，非农就业的劳动力流失效应抑制了不同规模林农的营林投资，表现在非农就业对不同规模林农单位面积营林成本产生负向影响，尤其对普通户而言更为明显。同时，非农就业所带来的劳动力流失效应也降低了林农流入林地的面积和意愿。林业相对于非农行业而言，投资报酬率低且营林周期长，随着生计来源逐步非农化，尤其是普通户更不愿意投资用材林经营，这也证明集体林区林权制度改革后产权细碎化对营林投资只会带来负向影响。

7）非农就业对不同规模林农营林预期轮伐期决策影响存在差别，导致普通户采伐时间提前，规模户采伐时间延后，这是造成非农就业对不同规模林农营林效益影响存在异质性的主要原因。对于普通户，非农就业的劳动力流失效应使其将家庭劳动力资源更多分配到非农就业中时，在营林劳动力供给约束的情况下由于延后采伐成本上升和规模限制导致的延后采伐边际收益增加有限，普通户会选择采伐时间提前；对于规模户，非农就业带来的收入效应可以缓解其流动性约束，且延后采伐的规模效益可以明显带来可观收益，因此其会选择采伐时间延后，继而造成了两类农户营林效益之间的差异。

8）在非农就业背景下，规模化经营是今后南方集体林区用材林经营的主要发展方向。而非农就业带来的收入效应对规模户最大地块单位面积的种苗成本有显著正向影响。在非农就业背景下，随着劳动力成本的不断上涨，规模户会选择较为经济和实用的营林技术手段及目标，即选择较好的立地质量条件和适当提高种植密度造林，同时适当延长轮伐期培育大径材，而非全程增加抚育和管理投入，从而相对于普通户获取较高的营林效益。这也从另一方面证明了营林的过程是以自然再生产为主，而非以经济再生产为主的论断。同时，也说明进一步提升南方集体林区商品林营林效益的潜力巨大。

8.2 完善南方集体林区林业规模化经营的政策建议

基于本书的上述研究结论，可以发现，林农非农就业对于南方集体林区不同规模林农用材林经营带来了更多的挑战。规模户营林相对于普通户而言具有比较优势，其优势主要是由于自身禀赋差异所带来的较为宽松的收入预算约束使其可以忍受较长的营林轮伐期。在目前强调森林可持续经营和用材林生态化经营模式下，在南方集体林区开展规模化经营是较为理想的营林模式。因此，基于农村劳动力非农转移加速的背景，本书提出以下完善林地规模化经营和提升南方集体林区营林效益的相关政策建议。

第一，以规模化经营为政策导向，推动南方集体林区商品林经营。

在目前南方集体林区非农劳动力转移加速的过程中，针对普通林农营林劳动力供给日益稀缺所带来的营林效益下降问题，从本书的实证结果出发，应鼓励通过林地流转促进规模化经营作为今后商品林经营的主要经营方向，同时通过建立多方面保障措施健全目前南方集体林区林地流转制度，激励林地规模化经营。

1) 将规模化经营作为商品林经营方向，鼓励创新林业规模化经营形式。

南方集体林区林权制度改革分山到户后，虽然明晰了林农的山林权属，但也带来了林权细碎化问题，给山林经营带来了巨大的不便。在目前农村非农劳动力转移加速的背景下，由于营林劳动力供给稀缺，这一问题被进一步放大，造成普通户营林效益的下降。因此应鼓励通过林地流转促进规模化经营作为今后商品林经营的主要经营方向。针对由于劳动力老龄化或转移所造成的闲置林地鼓励承包经营；鼓励创新林业规模化经营方式，积极发展农民林业专业合作社、家庭林场、林业企业等多种产权组织形式，在其承包林地经营的过程中给予政策性扶持，同时在原有承包、租赁经营基础上，发展“林地托管”、联户经营等新型经营方式，推动林业规模化经营。

2) 强化集体林地流转的管理，降低林地产权风险性。

在推动规模化经营的过程中，由于经营权更迭及经营权所具有的期限性等原因产权风险性始终是不能回避的问题，在本书的实证研究中也发现了相关问题。因此需要强化集体林地流转管理，保护流转双方的权益。首先，要依法强化集体林地流转登记工作。林业相关主管部门在审查林权流转登记申请文件基础上，对于合法规范的集体林地流转，应当及时进行林权审查和变更登记。其次，要加强集体林权流转合同管理。省级层面应统一制定林权流转合同示范文本，地方林业主管部门应认真指导流转双方签订流转合同，并对林地流转合同及相关资料等进行归档。再次，针对原统管山，需要加强集体林权流转收益管理。统管山林地流转收益纳入农村集体财务管理，用于本集体经济组织内部成员分配和集体公益事业。最后，各级林业主管部门应当加强对集体林权流转的监管，严格管控在林地流转过程中出现的违法违规行为。

第二，通过完善财政金融政策扶持和建立现代林业管理机制，加大南方集体林区营林要素投入并提升营林效益。

在劳动力非农转移背景下，营林要素成本(尤其是劳动力成本)不断上升及结构变化(如规模化经营中，雇工投工比例上升所带来的劳动质量下降)等问题成为抑制林农营林积极性和阻碍营林效益提升的主要制约因素，因此应通过完善政策扶持和建立科学营林管理机制，提升南方集体林区营林要素投入和效益。

1) 扩大林业财政补贴覆盖面和标准，降低集体林区商品林营林成本。

在目前中央财政林业补贴试点基础上，进一步扩大林业财政补贴覆盖面和标准，降低集体林区商品林营林成本。首先，针对非农就业所带来的劳动力成本快速增长且各地区差异较大的局面，适度提高造林、抚育、林木良种等补贴政策的补贴标准，针对国外政府林业补贴占营林成本的比例大多在40%～65%，建议实施与营林生产成本挂钩的动态化林业补贴标准。该标准可以3～5年作为一个调整周期，实现中央财政按不同地区营林成本20%～30%予以补贴的目标，在经济发达地区可以由地方财政进行配套。其次，要将补贴类型从单纯的营林生产过程延伸到林业全产业链，以满足林业功能定位转型的需求，如林业基础设施建设(小型林业机械、小型灌溉设施)、林业社会化服务(林产品电子商务、林业科技采用、生态化经营)等方面。最后，拓展政策实施对象，如针对南方集体林区用材林中幼林急需抚育量大的现实情况，将森林抚育政策补贴范围从原来的仅限于生态公益林扩大到商品林，充分调动经营者商品林抚育的积极性。

2)全面推进林权抵押贷款和森林保险政策，提高林农营林积极性。

从实证分析来看，非农就业所带来的收入效应可以促进林农的林地流入，同时对于规模户营林效益的提升也有正向影响作用。为此，要充分发挥金融部门的职能作用，在现有林权抵押贷款试点基础上，在南方集体林区全面推进林权抵押贷款，在现有以农村信用合作社为主业务基础上，与各大商业银行合作，加大林业信贷投放力度；针对普通户贷款金额小、授信低和监管成本高的问题，积极探索多样化贷款模式，采用小户联保贷款方式或建立小额抵押贷款制度等方式，提升普通户贷款率；完善林业贷款财政贴息政策，为林农营林生产提供资金保障，改善林业生产中初始资金投入巨大的困境。

针对林农在商品林经营中面临着自然与市场双重风险的约束，必须在现有公益林政策性保险基本覆盖基础上，加快推行商品林政策性保险政策。针对现有林农经营商品林，鼓励地方保险公司逐步提供和完善商品林保险业务，通过一定比例政府补贴降低商品林保费标准，促进林农投保，帮助其增强抵御风险的能力。

3)在规模化经营中建立有效劳动监督和管理机制，提升营林经营效益。

在规模化经营中，雇工劳动比例的增加会带来劳动质量下降问题，由此导致营林效益的下降，这在实证研究中也得到了验证。因此，在规模化经营中：首先，引导林业大户在营林过程中建立有效劳动监督机制。在劳动生产可计量的环节，如造林、采伐环节尝试使用绩效工资，同时可根据劳动成果给予一定的激励措施，减少雇工败德行为发生，从而提高雇工劳动的质量及劳动的积极性；其次，效仿现代农业管理机制，建立“林业 CEO”的林业生产管理机制。目前在南方集体林区尤其是经济较为发达的浙江省，社会资本投资林业已成为林业规模化经营的新兴力量，因此可以借鉴现代企业管理机制，转变传统的生产经营、管理方式，用现代化经营理念改造传统林业，雇佣具有现代经营才能的“林业 CEO”进行科学经营管理。运用企业的思维经营林业，在生产的各个环节，制定较为精细化的管理细则和生产流程，减少不必要成本，实现营林效益的最大化。

第三，“规模经济”向“分工经济”、“土地规模经营”向“服务规模经营”的转变是林业规模化经营的未来发展趋势。

在家庭可支配劳动力约束下，林业规模化经营必然带来大量的雇工经营，而非农就业会进一步加剧雇工市场的竞争和劳动力成本的上升，因此激励林农的生产环节服务外包行为，由规模经济转向分工经济，实现“土地规模经营”向“服务规模经营”转型，发展专业化的生产性服务体系势在必行。

1) 鼓励通过各种林业专业合作组织为规模户营林提供生产环节外包服务。

将林业合作社等林业专业经济合作组织或其他服务组织视为发展林业生产环节外包服务的重要载体，鼓励其成立具有专业资质的营林服务队伍，为规模户提供造林、抚育、病虫害防治、技术指导等各类营林生产环节服务，减少规模户的用工监督成本和交易成本。相关政府部门监管并维护这一林业专业化生产服务交易市场，其主要职责包括建立林业生产服务组织资质体系，对通过培训考核的相关企业授予资质，并为其提供服务信息和平台。

2) 重视营林专业化人才培养，为服务分工经济和规模经营提供人才支撑。

营林专业化的服务活动需要专业人才作为支撑。针对地方专业营林人才短缺的现状，地方政府应与高校、科研院所等单位密切合作，设立农林业社会化服务专业方向，培养相关青年人才；同时，针对地方从事林业生产服务的林业专业经济合作组织、乡镇林业站等相关林技人员提供各类技术培训活动，培训形式包括宣传手册、现场指导、课堂教学、视频宣讲等各类形式。

参 考 文 献

艾云航. 1994. 实现农业集约化、现代化的必由之路——浙江乐清县土地适度规模经营的调查. 农业技术经济, (4): 8-11.

柏章良, 龙新毛, 张立新. 2006. 湖南资兴市林木林地流转改革调研报告. 林业经济, (8): 22-24.

蔡昉. 2010. 人口转变、人口红利与刘易斯转折点. 经济研究, (4): 4-13.

蔡慧. 2016. 农户生产效率的 DEA-Tobit 模型研究——基于“空心村”的视角. 区域金融研究, (6): 70-73.

蔡会德, 唐义华, 莫继有, 等. 2006. 林地资产评估中立地质量调整系数确定方法研究. 林业调查规划, 31(4): 80-82.

曹兰芳. 2014. 集体林权制度改革后农户林业生产行为及影响因素研究. 北京: 北京林业大学博士学位论文.

陈代喜, 莫泽莲. 2001. 浅谈杉木合理的造林密度. 广西林业科学, 30(2): 62-67.

陈健. 1988. 农业规模经济质疑. 农业经济问题, (3): 3-6.

陈珂, 周荣伟, 王春平, 等. 2009. 集体林权制度改革后的农户林地流转意愿影响因素分析. 林业经济问题, (6): 493-498.

陈美球, 蔡海生. 2015. 低碳经济学. 北京: 清华大学出版社.

陈铭恩, 温思美. 2004. 我国农户的农业投资行为. 农业技术经济, (2): 24-27.

陈素琼, 张广胜. 2012. 农村劳动力转移对水稻生产技术效率的影响: 存在代际差异吗——基于辽宁省的调查. 农业技术经济, (12): 31-38.

陈则生. 2010. 杉木人工林经济成熟龄的研究. 林业经济问题, 30(1): 22-26.

陈昭玖, 胡雯. 2016. 人力资本、地缘特征与农民工市民化意愿——基于结构方程模型的实证分析. 农业技术经济, (1): 37-47.

崔传斌, 王开盛. 2008. 农村劳动力转移与农业规模化经营——以陕西省铜川市烟叶生产农场化为例. 农业经济问题, (4): 48-51.

丁毅, 徐秀英. 2016. 农村劳动力转移对竹林生产效率的影响研究. 林业经济问题, 36(3): 215-221.

杜润生. 1996. 中国的土地改革. 北京: 当代中国出版社.

方斌, 丁毅. 2010. 浦江县规模化农业生产的非线性分析. 地理科学进展, 29(12): 1584-1589.

方精云, 陈安平. 2001. 中国森林植被碳库的动态变化及其意义. 植物学报(英文版), 43(9): 967-973.

方精云, 陈安平, 赵淑清, 等. 2002. 中国森林生物量的估算: 对 Fang 等 *Science* 一文(Science, 2001, 291: 2320～2322)的若干说明. 植物生态学报, 26(2): 243-249.

方精云, 徐嵩龄. 1996. 我国森林植被的生物量和净生产量. 生态学报, 16(5): 497-508.

冯宗炜, 陈楚莹, 张家武, 等. 1982. 湖南会同地区马尾松林生物量的测定. 林业科学, 18(2): 127-134.

冯宗炜, 王效科, 吴刚. 1999. 中国森林生态系统的生物量和生产力. 北京: 科学出版社.

福建省统计局. 2018. 2017 年福建省国民经济和社会发展统计公报. 福州: 福建省统计局.

高建中. 2004. 森林生态产品价值补偿研究. 杨凌: 西北农林科技大学博士学位论文.

高明, 徐天祥, 朱雪晶, 等. 2012. 兼业背景下贫困地区农户资源配置的特征与效率分析. 社会经济体制比较, (2): 163-169.

郜亮亮, 黄季焜. 2011. 不同类型流转农地与农户投资的关系分析. 中国农村经济, (4): 9-17.
耿伯介, 王正平. 1996. 中国植物志. 第九卷. 第一分册. 被子植物门, 双子叶植物纲, 禾本目, 禾本科. 1, 竹亚科. 北京: 科学出版社.
耿玉春, 吕莉. 2012. 我国农村土地规模经营模式的比较与选择. 经济纵横, (10): 57-60.
国家林业局. 2014. 第八次森林资源清查. 北京: 国家林业局.
国家林业局. 2016. 中国林业统计年鉴(2015). 北京: 中国林业出版社.
国家统计局. 2019. 2018 年农民工监测调查报告. 北京: 国家统计局.
郭江平. 2003. 扩大土地经营规模与提高农业效率并行不悖. 理论探索, (3): 11-12.
郭志华, 彭少麟, 王伯荪. 2002. 利用 TM 数据提取粤西地区的森林生物量. 生态学报, 22(11): 1832-1839.
韩俊. 1998. 从小规模均田制走向适度规模经营. 调研世界, (5): 8-9.
贺东航, 田云辉. 2010. 集体林权制度改革后农户增收成效及其机制分析——基于 17 省 300 户农户的访谈调研. 东南学术, (5): 14-19.
侯一蕾, 王昌海, 吴静, 等. 2013. 南方集体林区林地规模化经营的理论探析. 北京林业大学学报(社会科学版), (4): 1-6.
侯元兆. 1995. 中国森林资源核算研究. 北京: 中国林业出版社.
胡初枝, 黄贤金. 2007. 农户土地经营规模对农业生产绩效的影响分析——基于江苏省铜山县的分析. 农业技术经济, (6): 81-84.
胡小平. 1994. 粮食适度规模经营及其比较效益. 中国社会科学, (6): 36-49.
胡新艳, 朱文珏, 罗锦涛. 2015. 农业规模经营方式创新: 从土地逻辑到分工逻辑. 江海学刊, (2): 75-82.
黄大学. 2006. 农户兼业对农地利用效率与农地流转的影响——以湖北省荆门市为例分析. 当代经济, (4): 62-63.
黄利, 吕杰. 2010. 集体林权制度改革对林农林业收入影响的实证分析——基于辽宁省 8 县 332 户农户的调研数据. 林业经济, (2): 45-49.
黄烈亚, 翟印礼, 梁霁. 2008. 林业产业结构变动对林业经济增长贡献及其空间差异分析. 中国林业经济, (5): 5-8.
黄玫, 季劲钧, 曹明奎, 等. 2006. 中国区域植被地上与地下生物量模拟. 生态学报, 26(12): 4156-4163.
黄宗智. 1988. 论长江三角洲的商品化进程与以雇佣劳动为基础的经营式农业. 中国经济史研究, (3): 65-77.
黄祖辉, 陈欣欣. 1998. 农户粮田规模经营效率: 实证分析与若干结论. 农业经济问题, (11): 2-7.
黄祖辉, 王建英, 陈志钢. 2014. 非农就业、土地流转与土地细碎化对稻农技术效率的影响. 中国农村经济, (11): 4-16.
回良玉. 2009. 全面推进集体林权制度改革 切实加强生态文明建设. 求是, (16): 5-8.
纪月清, 王亚楠, 钟甫宁. 2013. 我国农户农机需求及其结构研究——基于省级层面数据的探讨. 农业技术经济, (7): 19-26.
简盖元, 冯亮明, 刘伟平. 2011. 基于碳汇价值的森林最优轮伐期分析. 林业经济问题, 31(1): 70-75.
江西省统计局. 2018. 2017 年江西省国民经济和社会发展统计公报. 南昌: 江西省统计局.
柯水发, 王亚, 孔祥智, 等. 2014. 新型林业经营主体培育存在的问题及对策. 林业经济问题, 34(6): 504-509.
柯水发, 英犁, 赵铁珍, 等. 2012. 集体林区林地使用权流转分析——政策演进、流转形式及机制. 林业经济, (3): 12-16.

孔凡斌. 2004. 退耕还林(草)工程政策问题分析与优化建议. 林业科学, 40(5): 62-70.

孔凡斌. 2008. 集体林权制度改革绩效评价理论与实证研究——基于江西省2484户林农收入增长的视角. 林业科学, 44(10): 132-141.

孔凡斌, 杜丽. 2008. 集体林权制度改革中的林权流转及规范问题研究. 林业经济问题, 28(5): 377-384.

孔凡斌, 廖文梅. 2011. 基于收入结构差异化的农户林地流转行为分析——以江西省为例. 中国农村经济, (8): 89-97.

孔凡斌, 廖文梅. 2014. 地形和区位因素对农户林地投入与产出水平的影响——基于8省(区)1790户农户数据的实证分析. 林业科学, 50(11): 129-137.

孔凡斌, 廖文梅, 郑云青. 2011. 集体林权流转理论和政策研究述评与展望. 农业经济问题, (11): 100-105.

匡耀求, 欧阳婷萍, 邹毅, 等. 2010. 广东省碳源碳汇现状评估及增加碳汇潜力分析. 中国人口资源与环境, 20(12): 56-61.

赖作卿, 张忠海. 2008. 基于DEA方法的广东林业投入产出效率分析. 林业经济问题, 28(4): 323-326.

李朝柱. 2014. 林地规模经营模式分析. 农业工程, 4(3): 163-166.

李德洗. 2012. 农户非农就业的粮食生产效应研究. 中州学刊, (4): 59-63.

李谷成, 冯中朝, 范丽霞. 2010. 小农户真的更加具有效率吗? 来自湖北省的经验证据. 经济学季刊, 9(1): 95-124.

李桦, 郭亚军, 刘广全. 2013. 农户退耕规模的收入效应分析——基于陕西省吴起县农户面板调查数据. 中国农村经济, (5): 24-31.

李洁静, 潘根兴, 张旭辉. 2009. 太湖地区长期施肥条件下水稻-油菜轮作生态系统净碳汇效应及收益评估. 应用生态学报, 20(7): 1664-1670.

李京文, 张国初, 李军. 1993. 劳动质量变化的意义及其缘由分析. 数量经济技术经济研究, (3): 21-29.

李孔岳. 2009. 农地专用性资产与交易的不确定性对农地流转交易费用的影响. 管理世界, (3): 92-98.

李少宁, 王兵, 赵广东, 等. 2004. 森林生态系统服务功能研究进展——理论与方法. 世界林业研究, 17(4): 14-18.

李卫忠, 吴付英, 吴宗凯, 等. 2007. 退耕还林对农户经济影响的分析——以陕西省吴起县为例. 中国农村经济, (S1): 108-116.

李文华, 李芬, 李世东, 等. 2006. 森林生态效益补偿机制的研究现状与展望. 自然资源学报, 21(5): 677-688.

李文华, 李芬, 李世东, 等. 2007. 森林生态效益补偿机制与政策研究. 生态经济, (11): 151-153, 159.

李文明, 罗丹, 陈洁, 等. 2015. 农业适度规模经营: 规模效益、产出水平与生产成本——基于1552个水稻种植户的调查数据. 中国农村经济, (3): 4-17.

李晓敏, 陈文俊. 2010. 我国平原地区生态林业效益评价及发展路径浅析——以洞庭湖区为例. 经济地理, (10): 1729-1734.

李意德. 1993. 海南岛热带山地雨林林分生物量估测方法比较分析. 生态学报, 13(4): 313-320.

李毅兵, 张俊霞. 2011. 浅议农业企业人力资源管理. 现代农业, (5): 232.

李宇昊. 2013. 我国森林抚育技术体系存在的问题及建议. 世界林业研究, 26(6): 59-63.

李彧挥, 高晓屹, 郑风田. 2007. 退耕还林工程土地选择指标体系研究——基于西南地区农户调查的实证分析. 中国软科学, (10): 155-160.

李志方, 陈通. 2015. 农业标准化推广的合作社核心成员激励机制研究——基于双重多任务委托代理模型的分析. 经济经纬, 32(1): 37-42.
梁义成, 李树苗, 李聪. 2011. 非农参与对农业技术效率的影响: 农户层面的新解释. 软科学, 25(5): 102-107.
廖洪乐. 2012. 农户兼业及其对农地承包经营权流转的影响. 管理世界, (5): 62-70.
廖文梅. 2011. 集体林权制度配套改革中农户决策行为研究——以江西为例. 南昌: 江西农业大学博士学位论文.
廖文梅, 孔凡斌, 林颖. 2015. 劳动力转移程度对农户林地投入产出水平的影响——基于江西省1178户农户数据的实证分析. 林业科学, (12): 87-95.
廖雅珍, 廖添土. 2013. 兼业农户与雇主雇佣生产合约的模型及实证分析. 华南农业大学学报(社会科学版), 12(4): 57-65.
林开敏, 俞新妥, 邱尔发. 1996. 杉木造林密度生长效应规律的研究. 森林与环境学报, (1): 53-56.
林善浪. 2000. 农村土地规模经营的效率评价. 当代经济研究, (2): 37-43.
刘璨. 2004. 我国森林生态效益补偿问题研究. 绿色中国, (1): 38-43.
刘璨, 肖斌, 郭松青, 等. 2003. 农户生产效率及测度研究——以安徽省金寨县为案例. 林业经济, (9): 38-40.
刘璨, 张巍. 2007. 退耕还林政策选择对农户收入的影响——以我国京津风沙源治理工程为例. 经济学(季刊), (1): 273-290.
刘璨, 张永亮, 刘浩, 等. 2015. 集体林权制度改革及配套改革农户意愿与行动研究——基于长期农户大样本数据. 林业经济, 12: 3-13.
刘承芳, 樊胜根. 2002. 农户农业生产性投资影响因素研究——对江苏省六个县市的实证分析. 中国农村观察, (4): 34-42.
刘凤芹. 2006. 农业土地规模经营的条件与效果研究: 以东北农村为例. 管理世界, (9): 71-81.
刘国华, 傅伯杰, 方精云. 2000. 中国森林碳动态及其对全球碳平衡的贡献. 生态学报, 20(5): 733-740.
刘国敏. 2004. 不同立地条件杉木、马尾松造林经济效益分析. 福建林业科技, 31(4): 27-29.
刘会静, 姜志德, 王继军. 2014. 黄土高原退耕区农业后续产业发展影响因素的多层线性分析. 经济地理, 34(2): 125-130.
刘其霞, 常杰, 江波, 等. 2005. 浙江省常绿阔叶生态公益林生物量. 生态学报, 25(9): 2139-2144.
刘荣茂, 马林靖. 2006. 农户农业生产性投资行为的影响因素分析——以南京市五县区为例的实证研究. 农业经济问题, (12): 22-26.
刘晓辉, 吕宪国. 2008. 三江平原湿地生态系统固碳功能及其价值评估. 湿地科学, 6(2): 212-217.
刘兴元, 龙瑞军, 尚占环. 2011. 草地生态系统服务功能及其价值评估方法研究. 草业学报, 20(1): 167-174.
刘应安, 洪岩. 1998. 皖东南山区杉木人工林立地质量数量化评定与产量预测. 南京林业大学学报自然科学版, 22(3): 51-55.
刘玉铭, 刘伟. 2007. 对农业生产规模效益的检验——以黑龙江省数据为例. 经济经纬, (2): 110-113.
鲁先凤. 2008. 中国现阶段农业雇工的特征与成因简析. 理论月刊, (12): 154-157.
陆岐楠, 张崇尚, 仇焕广. 2017. 农业劳动力老龄化、非农劳动力兼业化对农业生产环节外包的影响. 农业经济问题, (10): 27-34.
陆文聪, 黄祖辉. 2004. 中国粮食供求变化趋势预测: 基于区域化市场均衡模型. 经济研究, (8): 94-104.
罗必良. 2000. 农地经营规模的效率决定. 中国农村观察, (5): 18-24.
罗必良, 李尚蒲. 2010. 农地流转的交易费用: 威廉姆森的分析范式及广东的证据. 农业经济问题, (12):

30-40.

吕杰, 冉陆荣. 2011. 林地流转中不同类型农户决策行为博弈分析. 中国土地科学, 25(4): 31-35.

马炜, 孙玉军. 2009. 我国的森林生物量研究. 世界林业研究, 22(5): 71-76.

马贤磊, 曲福田. 2010. 新农地制度下的土地产权安全性对土地租赁市场发育的影响. 中国土地科学, 24(9): 4-10.

马忠东, 张为民, 梁在, 等. 2004. 劳动力流动: 中国农村收入增长的新因素. 人口研究, 28(3): 2-10.

梅建明. 2002. 再论农地适度规模经营——兼评当前流行的“土地规模经营危害论”. 中国农村经济, (9): 31-35.

孟俊杰, 田建民, 马卫震. 2011. 中原地区农地流转主要模式比较分析. 中国农学通报, (29): 172-176.

木村允. 1981. 陆地植物群落的生产量测定法. 姜恕, 等译. 北京: 科学出版社.

欧阳君祥. 2015. 我国森林抚育现状分析及对策研究. 国家林业局管理干部学院学报, 14(4): 17-20.

欧阳志云, 王效科, 苗鸿. 1999. 中国陆地生态系统服务功能及其生态经济价值的初步研究. 生态学报, 19(5): 607-613.

帕特里克·博尔顿, 马赛厄斯·德瓦特里庞. 2008. 合同理论. 费方域, 蒋士成, 郑育家, 等译. 上海: 上海人民出版社.

潘璐, 周雪. 2016. 资本农场中的农业雇工: 剥夺与异化——对四川葛村资本农场的实地研究. 中国农业大学学报(社会科学版), 33(2): 15-24.

潘维俦, 田大伦, 李利村, 等. 1981. 杉木人工林养分循环研究. 中南林学院学报, (1): 1-21.

齐城. 2008. 农村劳动力转移与土地适度规模经营实证分析——以河南信阳市为例. 农业经济问题, (4): 40-43.

钱龙, 洪名勇. 2016. 非农就业、土地流转与农业生产效率变化——基于 CFPS 的实证分析. 中国农村经济, (12): 2-16.

钱文荣, 郑黎义. 2010. 劳动力外出务工对农户水稻生产的影响. 中国人口科学, (5): 58-65.

钱文荣, 郑黎义. 2011. 劳动力外出务工对农业生产的影响——研究现状与展望. 中国农村观察, (1): 31-38.

钱忠好. 2008. 非农就业是否必然导致农地流转——基于家庭内部分工的理论分析及其对中国农户兼业化的解释. 中国农村经济, (10): 13-21.

乔瑞庆, 任大廷. 2012. “反租倒包”中的交易类型及其契约治理. 经济与管理, 26(1): 33-38.

秦立建, 张妮妮, 蒋中一. 2011. 土地细碎化、劳动力转移与中国农户粮食生产——基于安徽省的调查. 农业技术经济, (11): 16-23.

秦中云, 王兰会, 赵天忠, 等. 2006. 壶瓶山国家级自然保护区的资源特点及其评价. 西部林业科学, 35(3): 93-97.

仇娟东, 赵景峰. 2013. 中国土地承包经营权流转: 主要模式、运行条件及交易费用分析. 经济经纬, (2): 38-43.

冉陆荣, 吕杰. 2011. 集体林权改革制度背景下农户林地流转行为选择——以辽宁省409户农户为例. 林业经济问题, (2): 121-126.

让-雅克·拉丰, 大卫·马赫蒂尔. 2002. 激励理论: 委托-代理模型. 第一卷. 陈志俊, 李艳, 单萍萍, 译. 北京: 中国人民大学出版社.

任勤, 李福军. 2010. 农村土地流转中介组织模式: 问题及对策. 财经科学, (6): 117-124.

任志远, 李晶. 2003. 陕南秦巴山区植被生态功能的价值测评. 地理学报, 58(4): 503-511.
任治君. 1995. 中国农业规模经营的制约. 经济研究, (6): 54-58.
尚旭东, 朱守银. 2015. 家庭农场和专业农户大规模农地的“非家庭经营”: 行为逻辑、经营成效与政策偏离. 中国农村经济, (12): 4-13.
沈文星, 马天乐, 赵元刚. 2001. 江苏省林业产权制度改革林地流转政策研究. 林业经济问题, 21(5): 264-268.
沈月琴, 王枫, 张耀启, 等. 2013. 中国南方杉木森林碳汇供给的经济分析. 林业科学, 49(9): 140-147.
沈月琴, 张耀启, 张薇, 等. 2011. 林业经济学. 北京: 中国林业出版社.
施晓清, 赵景柱, 吴钢, 等. 2001. 生态系统的净化服务及其价值研究. 应用生态学报, 12(6): 908-912.
石弘华, 杨英. 2005. 雇工自营制与农户行为效率分析——以湖南省邵阳地区为例. 中国农村经济, (8): 17-20.
石丽芳, 张春霞. 2012. 基于DEA方法的农户林地经营效率分析. 林业经济问题, 32(3): 226-235.
石晓平, 曲福田, Nico H, 等. 2004. 农村市场发育与村庄经济研究. 中国农村观察, (1): 44-55.
宋长鸣, 向玉林. 2012. 林业技术效率及其影响因素研究. 林业经济, (2): 66-70.
宋辉, 钟涨宝. 2013. 基于农户行为的农地流转实证研究——以湖北省襄阳市312户农户为例. 资源科学, 35(5): 943-949.
苏时鹏, 吴俊媛, 甘建邦. 2015. 林改后闽浙赣家庭林业全要素生产率变动比较. 资源科学, 37(1): 112-124.
孙凯, 曾起艳, 阮建青. 2016. 农业产业集群如何缓解劳动力短缺——基于安徽省安庆市茶叶产业集群的研究. 农业经济问题, (3): 72-78.
孙新华. 2013. 农业经营主体: 类型比较与路径选择——以全员生产效率为中心. 经济与管理研究, (12): 59-66.
孙自铎. 2001. 农业必须走适度规模经营之路——兼与罗必良同志商榷. 农业经济问题, (2): 32-35.
谭荣, 曲福田. 2005. 补贴对林业生产及森林生态效益影响的经济学分析: 一个定量分析模型. 自然资源学报, (7): 605-612.
谭智心, 孔祥智. 2006. 集体林权制度改革后林业合作社发展的思考——福建省永安市林业合作社调查报告. 北京林业大学学报(社会科学版), 9(3): 75-80.
唐慧中, 辛晓霞, 张义华. 2008. 秦州区水土保持林建设生态效益价值评估. 水土保持研究, 15(2): 62-65.
田传浩, 贾生华. 2004. 农地制度、地权稳定性与农地使用权市场发育: 理论与来自苏浙鲁的经验. 经济研究, (1): 112-119.
田杰, 姚顺波. 2013. 中国林业生产的技术效率测算与分析. 中国人口资源与环境, 23(11): 66-72.
田淑英, 许文立. 2012. 基于DEA模型的中国林业投入产出效率评价. 资源科学, 34(10): 1944-1950.
万广华, 程恩江. 1996. 规模经济、土地细碎化与我国的粮食生产. 中国农村观察, (3): 31-36.
万志芳, 蒋敏元. 2001. 林业生态工程生态效益经济计量的理论和方法研究. 林业经济, (11): 24-27.
汪进, 钟笑寒. 2011. 中国的刘易斯转折点是否到来——理论辨析与国际经验. 中国社会科学, (5): 22-37.
王兵, 马向前, 郭浩, 等. 2009. 中国杉木林的生态系统服务价值评估. 林业科学, 45(4): 124-130.
王昌海, 温亚利, 李强, 等. 2011. 秦岭自然保护区群生态效益计量研究. 中国人口·资源与环境, 21(6): 125-134.
王成军, 费喜敏, 徐秀英. 2012. 农村劳动力转移与农户间林地流转——基于浙江省两个县(市)调查的研究.

自然资源学报, (6): 893-900.

王成军, 何秀荣, 徐秀英, 等. 2010. 林地规模效率与农户间林地流转: 来自浙江省的实证. 农业技术经济, (10): 58-65.

王诚德. 1989. 农地经营规模与经济发展——对中国农业发展基础构造的理论思索. 经济研究, (3): 47-54.

王昉. 2003. 农村土地规模经营: 目标与评价. 农业经济, (1): 36-49.

王洪玉, 翟印礼. 2009. 产权制度安排对农户造林投入行为的影响——以辽宁省为例. 农业技术经济, (2): 62-68.

王立军, 胡耀岭, 马文秀. 2015. 中国劳动质量与投入测算: 1982-2050——基于偏好惯性视角的四维测算方法. 中国人口科学, (3): 55-68.

王绍强, 周成虎, 刘纪远, 等. 2001. 东北地区陆地碳循环平衡模拟分析. 地理学报, 56(4): 391-400.

王文烂, 银小柯, 林斌. 2011. 集体林权制度改革后造林农户的社会政治资本分析——基于福建的调查. 技术经济, 30(1): 122-127.

王效科, 冯宗炜. 2000. 中国森林生态系统中植物固定大气碳的潜力. 生态学杂志, 19(4): 72-74.

王颜齐, 毕欣宁, 李玉琴. 2017. 土地规模化流转背景下农业雇工受雇现状及问题分析. 农业经济与管理, (6): 36-42.

王颜齐, 郭翔宇. 2011. 农地规模化流转背景下的农业雇佣生产合约: 理论模型及实证分析. 中国农村观察, (4): 65-76, 97.

王玉辉, 周广胜, 蒋延玲, 等. 2001. 基于森林资源清查资料的落叶松林生物量和净生长量估算模式. 植物生态学报, 25(4): 420-427.

王震, 张晓丽. 2006. 浙江舟山地区马尾松地上生物量模型研究. 林业调查规划, 31(5): 103-105.

吴德胜. 2008. 农业产业化中的契约演进——从分包制到反租倒包. 农业经济问题, (2): 28-34.

吴伟光, 刘强, 朱臻. 2014. 考虑碳汇收益情境下毛竹林与杉木林经营的经济学分析. 中国农村经济, (9): 57-70.

吴伟光, 沈月琴, 徐志刚. 2008. 林农生计、参与意愿与公益林建设的可持续性——基于浙江省林农调查的实证分析. 中国农村经济, (6): 55-65.

吴载璋, 吴锡麟. 2004. 福建杉木人工林生长模型的研究. 福建林业科技, 31(4): 11-14.

西爱琴. 2014. 农户农业生产经营决策行为研究. 北京: 中国农业科学院博士后论文.

夏永祥. 2002. 农业效率与土地经营规模. 农业经济问题, (7): 43-47.

肖敏静, 赵璟. 2010. 经济视角下江西林业产业结构与林业经济增长的实证分析. 中国林业经济, (5): 32-35.

谢高地, 张钇锂, 鲁春霞. 2001. 中国自然草地生态系统服务价值. 自然资源学报, 16(1): 47-53.

谢旭轩, 张世秋, 朱山涛. 2010. 退耕还林对农户可持续生计的影响. 北京大学学报(自然科学版), (3): 457-464.

谢屹. 2008. 江西省集体林权制度改革中的林地林木流转研究. 北京: 北京林业大学博士学位论文.

谢屹. 2009. 集体林权制度改革中的林地林木流转研究. 北京: 中国林业出版社.

徐晋涛, 孙妍, 姜雪梅, 等. 2008. 我国集体林区林权制度改革模式和绩效分析. 林业经济, (9): 27-38.

徐林青, 谢屹, 卫望玺, 等. 2015. 农户集体林地流转意愿与行为及影响因素研究的文献定量分析. 世界林业研究, 28(3): 91-96.

徐婷婷, 李桦. 2016. 集体林权配套改革非农就业地理距离与农户林业投入行为——基于 9 省 18 县面板数据的验证. 林业经济问题, 36(5): 399-405.
徐秀英, 任腾腾, 陈高杰, 等. 2013. 林地流转对农户林地投入的影响分析. 浙江农林大学学报, (4): 463-469.
徐秀英, 石道金, 杨松坤, 等. 2010. 农户林地流转行为及影响因素分析——基于浙江省临安、安吉的农户调查. 林业科学, (9): 149-157.
许恒周, 郭忠兴, 郭玉燕. 2011. 农民职业分化、养老保障与农村土地流转——基于南京市 372 份农户问卷调查的实证研究. 农业技术经济, (1): 80-85.
许庆, 尹荣梁. 2010. 中国农地适度规模经营问题研究综述. 中国土地科学, 24(4): 75-80.
许庆, 尹荣梁, 章辉. 2011. 规模经济、规模报酬与农业适度规模经营——基于我国粮食生产的实证研究. 经济研究, (3): 59-71.
薛彩霞, 姚顺波, 于金娜. 2013. 基于结构方程模型的农户经营非木质林产品行为的影响因素分析——以四川省雅安市农户为例. 林业科学, 49(12): 136-146.
薛新伟. 1997. 中国乡镇工业环境经济综合核算投入占用产出分析. 北京: 中国科学院系统科学研究所博士学位论文.
姚洋. 1999. 非农就业结构与土地租赁市场的发育. 中国农村观察, (2): 18-23.
叶功富, 林武星, 张水松, 等. 1995. 不同密度管理措施对杉木林分的生长、生态效应的研究. 福建林业科技, (3): 1-8.
叶剑平, 蒋妍, 丰雷. 2006. 中国农村土地流转市场的调查研究——基于 2005 年 17 省调查的分析和建议. 中国农村观察, (4): 48-55.
易福金, 徐晋涛, 徐志刚. 2006. 退耕还林经济影响再分析. 中国农村经济, (10): 28-36.
因内思•马可-斯达德勒, J. 大卫•佩雷斯-卡斯特里罗. 2004. 信息经济学引论: 激励与合约. 2 版. 管毅平, 译. 上海: 上海财经大学出版社.
于金富, 王保海. 2012. 农地流转模式创新的基本方向与主要对策. 中州学刊, (5): 57-59.
余新晓, 鲁绍伟, 靳芳, 等. 2005. 中国森林生态系统服务功能价值评估. 生态学报, 25(8): 2096-2102.
俞新妥, 陈存及, 林思祖. 1979. 福建杉木人工林生态系统生物产量的初步研究. 福建林学院林业科技学报, (1): 1-18.
袁榕, 姚顺波, 刘璨. 2012. 林改后林农扩大林业经营规模意愿影响因素实证分析——以南方集体林权区为例. 山东农业大学学报(自然科学版), 43(1): 148-154.
约瑟夫•斯蒂格利茨, 卡尔•E•沃尔什. 2010. 经济学. 4 版. 黄险峰, 张帆, 译. 北京: 中国人民大学出版社.
岳希明, 任若恩. 2008. 测量中国经济的劳动投入: 1982-2000 年. 经济研究, (3): 16-28.
查金祥, 曾令香, 许家林. 2001. 湖北农业微观经济组织运行现状的调查报告. 中国农村经济, (8): 26-33.
臧良震, 张彩虹, 郝佼辰. 2014. 中国农村劳动力转移对林业经济发展的动态影响效应研究. 林业经济问题, (4): 304-308.
臧良震, 支玲, 齐新民. 2011. 天保工程区农户林业生产技术效率的影响因素——以重庆武隆县为例.北京林业大学社会科学版, 10(4): 59-64.
曾华锋, 聂影. 2008. 林地流转的必然性和弱市场化趋势调控——以福建省为例. 北京林业大学学报, 8(3): 120-126.
曾以禹, 吴柏海, 周彩贤, 等. 2014. 碳交易市场设计支持森林生态补偿研究. 农业经济问题, (6): 67-76.
张帆. 1998. 环境与自然资源经济学. 上海: 上海人民出版社.

张光辉. 1996. 农业规模经营与提高单产并行不悖——与任治君同志商榷. 经济研究, (1): 55-58.

张寒, 程娟娟, 刘璨. 2018. 基于内生性视角的非农就业对林地流转的效应评价——来自9省1497户林农的连续监测数据. 农业技术经济, (1): 122-131.

张红宇. 2002. 中国农地调整与使用权流转几点评论. 管理世界, (5): 76-87.

张建杰, 张改清, 关付新. 2014. 农地规模调适下农户营粮行为及效率研究——基于对中部主产区1861个农户的问卷调查. 西北农林科技大学学报(社会科学版), 14(1): 56-64.

张清津, 王新志. 2016. 中国农村专业化分工与农业经营组织体系的演变. 江西社会科学, (2): 194-199.

张涛. 2003. 森林生态效益补偿机制研究. 北京: 中国林业科学研究院博士学位论文.

张维迎. 2004. 博弈论与信息经济学. 上海: 上海三联书店.

张笑寒. 2009. 农村土地股份合作社: 运行特征、现实困境和出路选择——以苏南上林村为个案. 中国土地科学, 23(2): 38-42.

张英, 宋维明. 2012. 集体林权制度改革对农户采伐行为的影响. 林业科学, 48(7): 161-169.

张颖, 杨桂红, 李卓蔚. 2016. 基于DEA模型的北京林业投入产出效率分析. 北京林业大学学报, 38(2): 105-112.

张颖, 张雪, 覃庆锋, 等. 2013. 中国森林碳汇价值核算研究. 北京林业大学学报, 35(6): 124-131.

张忠明, 钱文荣. 2010. 农户土地经营规模与粮食生产效率关系实证研究. 中国土地科学, 24(8): 52-58.

张舟, 谭荣, 石琛, 等. 2014. 林地流转模式的选择机制及其政策启示. 中国土地科学, 28(5): 11-18.

赵光, 李放. 2012. 非农就业、社会保障与农户土地转出——基于30镇49村476个农民的实证分析. 中国人口资源与环境, 22(10): 102-109.

赵入坤. 2007. 雇佣劳动与中国近代农业的发展. 江海学刊, (5): 171-176.

赵同谦, 欧阳志云, 贾良清. 2004. 中国草地生态系统服务功能间接价值评价. 生态学报, 24(6): 1101-1110.

浙江省统计局. 2019. 2018年浙江省国民经济和社会发展统计公报. 杭州: 浙江省统计局.

郑少锋. 1998. 土地规模经营适度的研究. 农业经济问题, (11): 8-11.

钟文晶, 罗必良. 2013. 禀赋效应、产权强度与农地流转抑制——基于广东省的实证分析. 农业经济问题, (3): 6-16.

周国模, 郭仁鉴, 韦新良. 2001. 浙江省杉木人工林生长模型及主伐年龄的确定. 浙江农林大学学报, 8(3): 219-222.

周建华. 2012. 我国花生产业供求、价格与利益分配研究. 北京: 中国农业科学院博士学位论文.

周新玲. 2005. 林地使用权流转的调查与分析: 以湖北省为例. 中国农村经济, (5): 71-77.

周燕, 佟家栋. 2012. "刘易斯拐点"、开放经济与中国二元经济转型. 南开经济研究, (5): 3-17.

朱方林, 王清举, 朱大威. 2014. 农户粮食生产适度规模经营的经济学研究——以江苏省宿迁市为例. 江苏农业科学, 42(8): 468-470.

朱晶, 李天祥, 李琳. 2011. 迁移成本、工资上升与刘易斯转折点——一个对"刘易斯转折点"分析框架的再探讨. 农业经济问题, (9): 8-17, 110.

朱文珏, 罗必良. 2016. 行为能力、要素匹配与规模农户生成——基于全国农户抽样调查的实证分析. 学术研究, (8): 83-92.

朱臻, 沈月琴, 吕秋菊, 等. 2011. 非木质林产品生产的投入要素及影响因素实证分析. 自然资源学报, 26(2): 201-208.

朱臻, 沈月琴, 吴伟光, 等. 2013. 碳汇目标下农户森林经营最优决策及碳汇供给能力研究. 生态学报, 33(8): 2577-2585.

朱臻, 沈月琴, 张耀启, 等. 2012. 碳汇经营目标下的林地期望价值变化及碳供给. 林业科学, 48(11): 112-116.

Ackerberg DA, Botticini M. 2002. Endogenous Matching and the Empirical Determinants of Contract Form. Journal of Political Economy, 110(3): 564-591.

Adams RHJ, Alfredo C. 2010. Remittances, household expenditure and investment in Guatemala. World Development, 38(11): 1626-1641.

Adetoye AM, Okojie LO, Akerele D. 2018. Forest carbon sequestration supply function for African countries: an econometric modelling approach. Forest Policy and Economics, 90: 59-66.

Angelsen A, Kaimowitz D. 1999. Rethinking the causes of deforestation:lessons from economic models. World Bank Research Observer, 14(1): 73-98.

Anríquez G, Daidone S. 2010. Linkages between the farm and nonfarm sectors at the household level in rural Ghana: a consistent stochastic distance function approach. Agricultural Economics, 41(1): 51-66.

Arcand JL, Ai C, Ethier F. 2007. Moral hazard and Marshallian inefficiency: evidence from Tunisia. Journal of Development Economics, 83(2): 411-445.

Arrow KJ. 1964. The role of securities in the optimal allocation of risk-bearing. Review of Economic Studies, 31(2): 91-96.

Bagi F, Huang C. 1983. Estimating production technical efficiency for individual farms in tennessee. Canadian Journal of Agricultural Economics, (31): 249-256.

Bagi F. 1982. Relationship between farm size and technical efficiency in west tennessee agriculture. Southern Journal of Agricultural Economics, 14(2): 139-144.

Becker GS. 2010. Human capital: a theoretical and empirical analysis, with special reference to education. Revue Économique, 18(1): 556.

Berry RA, Cline WR. 1979. Agrarian Structure and Productivity in Developing Countries. Baltimore: Johns Hopkins University Press.

Bharadwaj P. 2015. Fertility and rural labor market inefficiencies: evidence from India. Journal of Development Economics, 115(7): 217-232.

Binswanger HP, Deininger K, Feder G. 1995. Chapter 42 Power, distortions, revolt and reform in agricultural land relations. Handbook of Development Economics, 3(95): 2659-2772.

Black R, King R, Tiemoko R. 2003. Migration, Return and Small Enterprise Development in Ghana: A Route of Poverty. Sussex Centre for Migration Research, Working Paper No. 9.

Braulke M. 1982. A note on the Nerlove model of agricultural supply response. International Economic Review, 23(1): 241-244.

Brauw AD, Rozelle S. 2008. Migration and household investment in rural China. China Economic Review, 19(2): 320-335.

Brian MC, Munn IA. 2001. A comparison of two input-output approaches for investigating regional economic impacts of the forest products industry in the Pacific Northwest and the South. Forest Products Journal, 51(6):

398.

Brown SI, Schroeder PE. 1999. Spatial patterns of above ground production and mortality of woody biomass for eastern U. S. forests . Ecological Applications, (9): 968-980.

Chen R, Ye C, Cai Y, et al. 2014. The impact of rural out-migration on land use transition in China: past, present and trend. Land Use Policy, (40): 101-110.

Chinloy P. 1980. Sources of quality change in labor input. American Economic Review, 70 (1): 108-119.

Costanza R, D'Arge R, Groot RD, et al. 1997. The value of the world's ecosystem services and natural capital. Nature, 387 (1): 3-15.

Cower ST, Vogel JG, Norman JM, et al. 1997. Carbon distribution and above ground net primary production in aspen, jackpine, and black spruce stands in Saskatchewan and Manitoba, Canada. Journal of Geophysical Research, 102 (D24): 29-41.

Daily GC. 1997. Natures Services: Societal Dependence on Natural Ecosystems. Washington DC: Island Press.

Davis JL. 2014. Migration, remittances and smallholder decision-making: implications for land use and livelihood change in Central America. Land Use Policy, (36): 319-329.

Debreu G. 1959. Theory of value: an axiomatic analysis of economic equilibrium. New Haven: Yale University Press.

Deininger K, Jin S. 2005. The potential of land rental markets in the process of economic development: evidence from China. Journal of Development Economics, (78): 241-270.

Dinh HH, Nguyen TT, Hoang VN, et al. 2017. Economic incentive and factors affecting tree planting of rural households: evidence from the central highlands of Vietnam. Journal of Forest Economics, 29: 14-24.

Dixon RK, Brown IS, Delcourt RA. 1994. Carbon pools and flux of global forest ecosystems. Science, 26 (3): 185-901.

Dustmann C, Kirchkamp O. 2002. The optimal migration duration and economic activities after return migration. Journal of Development Economics, 67 (2): 351-372.

Ehrlich PR. 1992. The value of biodiversity. AMBIO, 21 (3): 219-226.

Ellis F. 2000a. Rural Livelihoods and Diversity in Developing Countries. Oxford: Oxford University Press.

Ellis F. 2000b. The determinants of rural livelihood diversification in developing countries. Agriculture Economics, 51 (2): 289-302.

Ellis F. 2003. Rural livelihoods and poverty reduction strategies in four African countries. The Journal of Development Studies, 40 (4): 1-30.

Fang J, Wang GG, Liu G, et al. 1998. Forest biomass of China: an estimate based on the biomass-volume relationship. Ecological Application, (8): 1084-1091.

Faustmann M. 1849. Calculation of the value of which forest land and immature stands posses for forestry. Republished with permission from Commonwealth Forestry Association. Journal of Forest Economics, 1 (1): 7-44.

Feder G. 1985. The relation between farm size and farm productivity: the role of family labor, supervision and credit constraints. Journal of Development Economics, 18 (2-3): 297-313.

Fei JCH, Ranis G. 1964. Development of the labor surplus economy: theory and policy. The Economic Journal,

77(306): 480-482.

Feng S. 2008. Land rental, off-farm employment and technical efficiency of farm households in Jiangxi Province, China. NJAS - Wageningen Journal of Life Sciences, 55(4): 363-378.

Feng S, Heerink N, Ruben R. 2010. Land rental market, off-farm employment and agricultural production in Southeast China: a plot-level case study. China Economic Review, 21(4): 598-606.

Fleisher BM, Liu Y. 1992. Economies of scale, plot size, human capital and productivity in Chinese agriculture. Quarterly Review of Economics and Finance, 32(3): 112-123.

Goodwin BK, Mishra AK. 2004. Farming efficiency and the determinants of multiple job holding by farm operators. American Journal of Agricultural Economics, 86(3): 722-729.

Griliches Z, Jorgenson D. 1966. Source of measured productivity change: capital input. American Economic Review, 56(2): 50-61.

Grund C, Nielsen NW. 2008. The dispersion of employees' wage increases and firm performance. Industrial and Labor Relations Review, (4): 485-501.

Hanan GJ, Mansuri G. 2009. Incentives, supervision, and sharecropper productivity. Journal of Development Economics, 88(2): 232-241.

Hartman R. 1976. The harvesting decision when a standing forest has value. Economic Inquiry, 14(1): 52-58.

Heltberg R. 1998. Rural market imperfections and the farm size-productivity relationship: evidence from pakistan. World Development, 26(10): 1807-1826.

Hjerpe E, Hussain A, Philips S. 2015. Valuing type and scope of ecosystem conservation: a meta-analysis. Journal of Forestry Economics, (21): 32-50.

Holdren J, Ehrlich P. 1974. Human population and global environment: population growth, rising per capita material consumption, and disruptive technologies have made civilization a global ecological force. American Scientist, 62(3): 282-297.

Huang J, Gao L, Rozelle S. 2012. The effect of off-farm employment on the decisions of households to rent out and rent in cultivated land in China. China Agriculture Economic Review, (4): 5-17.

Hussain A. 1996. Inter industry linkages, resource use and structural change: an input output analysis of Minnesota's forest-based industries. University of Minnesota DAI-B 57/04, 2248.

Jin SQ, Deininger K. 2009. Land rental markets in the process of rural structural transformation: productivity and equity impacts from China. Journal of Comparative Economics, 37(4): 629-646.

Jokisch B D. 2002. Migration and agricultural change: the case of smallholder agriculture in highland ecuador. Human Ecology, 30(4): 523-550.

Kalirajan KP, Huang YA. 1996. Alternative method of measuring economic efficiency: the case of grain production in China. China Economic Review, 7(2): 193-203.

Koji N, Tomomichi A. 2012. Labor productivity and quality change in Singapore: achievements in 1974-2011 and prospects for the next two decades. KEO discussion paper No. 129.

Kung JK. 1999. The evolution of property rights in village enterprises: the case of Wuxi county. *In*: Jean CO, Andrew GW. Property Rights and Economic Reform in China. Stanford, CA: Stanford University Press.

Kung KS. 2002. Off-farm labor markets and the emergence of land rental markets in rural China. Journal of

Comparative Economics, 30(2): 395-414.

Kurz WA, Apps MJ. 1993. Contribution of northern forests to the global carbon cycle: Canada as a case study. Water Air Soil Pollution, 70: 163-176.

Labell G, Stuart WB. 1998. Technical efficiency evaluation on logging contractors using a non parametric model. Inter Journal of Forest Engineering, 9(2): 15-24.

Laffont JJ, Martimort D. 2002. The Theory of Incentives: the Principal-Agent Model. New Jersey: Princeton University Press.

Laffont JJ, Matoussi MS. 1995. Moral hazard, financial constraints and sharecropping in El Oulja. Review of Economic Studies, 62(3): 381-399.

Latinopoulos D. 2010. Valuing the services of coastal ecosystems: A meta-analysis of contingent valuation studies. International journal of sustainable development and planning, 5(1): 13-30.

Lazear, Edward P. 1995. Personnel Economics. Massachusetts: Edward Elgar Publishing.

Lewis WA. 1954. Economic development with unlimited supplies of labour. The Manchester School, 22(2): 139-191.

Lin JY. 1992. Rural reforms and agricultural growth in China. American Economic Review, 82(1): 34-51.

Liu C, Mullanb K, Liu H, et al. 2014. The estimation of long term impacts of China's key priority forestry programs on rural household incomes. Journal of Forest Economics, 20(3): 267-285.

Liu P, Yin RS, Li H. 2016. China's forest tenure reform and institutional change at a crossroads. Forest Policy and Economics, (72): 92-98.

Liu Y, Yao S, Lin Y. 2018. Effect of key priority forestry programs on off-farm employment: evidence from Chinese rural households. Forest Policy and Economics, (88): 24-37.

Lůkewille A, Bredemeier M, Ulrich B. 1993. Input-output relations of major ions in European forest ecosystems. Agriculture, Ecosystems & Environment, 47(2): 175-184.

McCarthy N, Davis B, Maltsoglou I. 2006. Assessing the Impact of Massive Out-Migration on Agriculture. Agricultural and Development Economics Division of the Food and Agriculture Organization of the United Nations (FAO-ESA).

Mendola M. 2008. Migration and technological change in rural households: complements or substitutes. Journal of Development Economics, 85(2): 150-175.

Mincer J. 1974. Schooling, Experience, and Earnings. New York: National Bureau of Economic Research, Columbia University Press.

Mirrlees JA. 1999. The theory of moral hazard and unobservable behaviour: Part I. Review of Economic Studies, 66(1): 3-21.

Mochebelele MT, Winter-Nelson A. 2000. Migrant labor and farm technical efficiency in Lesotho. World Development, 28(1): 143-153.

Murray BC. 2000. Carbon values, reforestation, and 'perverse' incentives under the Kyoto protocol: an empirical analysis. Mitigation and Adaptation Strategies for Global Change, 5(3): 271-295.

Muth JF. 1961. Rational expectations and the theory of price movements. Econometrica, 29(3): 315-335.

Nerlove M. 1956. Estimates of the elasticities of supply of selected agricultural commodities. American Journal of

Agricultural Economics, 38 (2) : 496-509.

Newbery DMG, Stiglitz JE. 1979. The theory of commodity price stabilisation rules: welfare impacts and supply responses. Economic Journal, 89 (356) : 799-817.

Newell A, Pandya K, Symons J. 1997. Farm size and the intensity of land use in Gujarat. Oxford Economic Papers, 49 (2) : 307-315.

Ohlin B. 1921. Till fragan om skogarnas omloppstid (on the question of the rotation period of forest), Nationalekonomiska studier tillagnade professor Knut Wicksell (Studies in political economy in honour of professor Knut Wicksell). Ekonomisk Debatt, (12) : 89-113.

Olfert MR. 1992. Nonfarm, employment as a response to underemployment in agriculture. Canadian Journal of Agricultural Economics/Revue canadienne dagroeconomie, 40 (3) : 443-458.

Oseni G, Winters P. 2009. Rural nonfarm activities and agricultural crop production in Nigeria. Agricultural Economics, 40 (2) : 189-201.

Otsuka K, Chuma H, Hayami Y. 1992. Land and labor contracts in agrarian economies: theories and facts. Journal of Economic Literature, 30 (4) : 1965-2018.

Pandey P. 2004. Effects of technology on incentive design of share contracts. American Economic Review, 94 (4) : 1152-1168.

Quisumbing A. 2007. Poverty transitions, shocks, and consumption in rural Bangladesh: preliminary results from a longitudinal household survey. Chronic Poverty Research Centre Working Paper No. 105.

Quisumbing A, McNiven S. 2010. Moving forward, looking back: the impact of migration and remittances on assets, consumption, and credit constraints in the rural Philippines. The Journal of Development Studies, 46 (1) : 91-113.

Ranis G, Fei JCH. 1961. A theory of economic development. American Economic Review, 51 (4) : 533-565.

Reardon T, Taylor JE, Stamoulis K, et al. 2000. Effects of non-farm employment on rural income inequality in developing countries: an investment perspective. Journal of Agricultural Economics, 51 (2) : 266-288.

Rebitzer JB. 1995. Is there a trade-off between supervision and wages? An empirical test of efficiency wage theory. Journal of Economic Behavior & Organization, 28 (1) : 107-129.

Remesan R, Roopesh MS, Remya N, et al. 2007. Wet Land Paddy Weeding-A Comprehensive Comparative Study from South India. International Commission of Agricultural Engineering.

Rigg J. 2006. Land, farming, livelihoods, and poverty: rethinking the links in the Rural South. World Development, 34 (1) : 180-202.

Ross SA. 1973. The economic theory of agency: the principal's problem. American Economic Review, 63 (2) : 134-139.

Rozelle S, Taylor JE, Debrauw A. 1999. Migration, remittances, and agricultural productivity in China. American Economic Review, 89 (2) : 287-291.

Rudel TK, Coomes OT, Moran E, et al. 2005. Forest transitions: towards a global understanding of land use change. Global Environmental Change, 15 (1) : 23-31.

Samuleson PA. 1976. Economics of forestry in an evolving society. Economic Inquiry, 14 (4) : 466-492.

Schroeder P, Brown S, Mo J, et al. 1997. Biomass estimation for temperate broadleaf forests of the US using inventory data. Forest Science, 43: 424-434.

Schwerdt G, Turunen J. 2007. Growth in Euro area labor quality. Review of Income and Wealth, 53 (4): 716-734.

Sedjo RA. 1989. Climate and forests. Science, 244 (4905): 631.

Sen A. 1962. An Aspect of Indian Agriculture. Economic Weekly, 14 (4-6): 243-246.

Shapiro C, Stiglitz JE. 1984. Equilibrium unemployment as a worker discipline device. American Economic Review, 74 (3): 433-444.

Siikamäki J, Ji YJ, Xu JT. 2015. Post-reform forestland markets in China. Land Economics, 91 (2): 211-234.

Stainback GA, Alavalapati JRR. 2002. Economic analysis of slash pine forest carbon sequestration in the southern U. S. Journal of Forest Economics, 8 (2): 105-117.

Stark O. 1991. The Migration of Labor. Cambridge: B. Blackwell.

Stark O, Bloom DE. 1985. The new economics of labor migration. American Economic Review, 75 (2): 173-178.

Steven M, Edward HSL. 2004. Farm size and the determinants of productive efficiency in the Brazilian center-west. Agricultural Economics, 31 (2): 241-249.

Stiglitz JE. 1974. Incentives and risk sharing in Sharecropping. Review of Economic Studies, 41 (2): 219-255.

Taylor JE, Rozelle S, Brauw AD. 2003. Migration and incomes in source communities: a new economics of migration perspective from China. Economic Development and Cultural Change, 52 (1): 75-102.

Taylor JE, Yunez NA. 2000. The returns from schooling in a diversified rural economy. American Journal of Agricultural Economics, 82 (2): 287-297.

Tobin J. 1958. Estimation of relationships for limited dependent variables. Econometrica, 26 (1): 24-36.

Todaro MP. 1969. A model of labor migration and urban unemployment in less developed countries. American Economic Review, 59 (1): 138-148.

Townsend RF, Kirsten JF, Vink N. 1998. Farm size, productivity and returns to scale in agriculture revisited: a case study of wine producers in South Africa. Agricultural Economics, 19 (1): 175-180.

van Kooten GC, Binkley CS, Delcourt G. 1995. Effect of carbon taxes and subsidies on optimal forest rotation age and supply of carbon services. American Journal of Agricultural Economics, 77 (3): 365-374.

Vicente VR, Pérez MF. 2010. Analysis of individual private forestry in northern Spain according to economic factors related to management. Journal of Forest Economics, 16 (4): 269-295.

Viitala EJ, Hanninen H. 1998. Measuring the efficiency of public forestry organizations. Forest Science, 44: 298-307.

Wang XB, Huang JK, Rozelle S. 2017. Off-farm employment and agricultural specialization in China. China Economic Review, 42 (2): 155-165.

Wang Y, Wang C, Pan S. 2011. The Impact of Non-farm Activities on Agricultural Productivity in Rural China. Agricultural & Applied Economics Association's 2011 AAEA & NAREA Joint Annual Meeting, Pittsburgh, Pennsylvania.

Westman WE. 1977. How much are nature's service worth. Science, 197 (2): 960-964.

Woodward RT, Wui YS. 2001. The economic value of wetland services: a meta-analysis. Ecological Economics, 37 (2): 257-270.

Wouterse F, Taylor JE. 2008. Migration and income diversification: evidence from Burkina Faso. World

Development, 36 (4) : 625-640.

Wu HX, Meng X. 1996. The direct impact of the relocation of farm labour on Chinese grain production. China Economic Review, 7 (2) : 105-122.

Wu WG, Liu Q, Zhu Z. 2015. Managing bamboo for carbon sequestration, bamboo stem and bamboo shoots. Small-scale Forestry, 14 (2) : 233-243.

Xie L, Berck P, Xu J. 2016. The effect on forestation of the collective forest tenure reform in China. China Economic Review, (38) : 116-129.

Xie Y, Gong PC, Han X, et al. 2014. The effect of collective forestland tenure reform in China: does land parcelization reduce forest management intensity? Journal of Forest Economics, 20 (2) : 126-140.

Xie Y, Jiang Q. 2016. Land arrangements for rural-urban migrant workers in China: findings from Jiangsu Province. Land Use Policy, 50: 262-267.

Xie Y, Wen YL, Zhang YQ, et al. 2013. Impact of property rights reform on household forest management investment: an empirical study of southern China. Forest Policy and Economics, 34: 73-78.

Yang BC, Liu C, Gou Z, et al. 2018. How Will Policies of China's CO_2 ETS affect its carbon price: evidence from Chinese pilot regions. Sustainability, 10 (2) : 605-631.

Yao Y. 2000. The development of the land lease market in rural China. Land Economics, 76 (2) : 252-266.

Yin RS, Yao S, Huo X. 2013. China's forest tenure reform and institutional change in the new century: what has been implemented and what remains to be pursued? Land Use Policy, 30 (1) : 825-833.

Zhang DW, Pearse PH. 2011. Forest Economics. Vancouver, Canada: UBC Press.

Zhang H, Kuuluvainen J, Yang HQ, et al. 2017. The effect of off-farm employment on forestland transfers in China: a simultaneous-equation tobit model estimation. Sustainability, 9 (9) : 1645-1659.

Zhao YH. 2002. Causes and consequences of return migration: recent evidence from China. Journal of Comparative Economics, 30 (2) : 376-394.

Zimmerer KS. 1993. Soil erosion and labor shortages in the Andes with special reference to Bolivia, 1953-1991: implications for "conservation-with-development". World Development, 21 (10) : 1659-1675.

附　表

附表a　非农就业对不同规模林农单位面积营林成本影响模型的系统性检验

变量指标	被解释变量：单位面积营林成本/(元/亩)	
	分效应	综合效应
关键变量		
家庭非农收入/元	1.12×10^{-3}	
	(9.52×10^{-4})	
家庭劳动力人均非农就业时间/月	-49.18^{**}	
	(23.87)	
是否非农就业		-399.1^{**}
		(197.4)
地块经营特征变量		
最大地块面积/亩	−4.393	−3.648
	(4.754)	(4.724)
最大地块离最近公路距离/km	58.00	57.14
	(37.40)	(37.39)
最大地块立地质量(以质量中等为参照组)		
好	442.1^{**}	439.4^{**}
	(179.1)	(179.1)
差	−205.3	−226.6
	(269.9)	(269.8)
最大地块产权形式		
(承包山=1；非承包山=0)	290.9	310.6
	(204.7)	(204.6)
外部政策变量		
(享受林业补贴政策=1；没有享受林业补贴政策=0)	34.41	54.07
	(170.7)	(170.2)
林农家庭特征变量		
家中是否有人担任村干部		
(1=是；0=否)	−135.4	−118.0
	(183.9)	(183.5)

续表

变量指标	被解释变量：单位面积营林成本/(元/亩)	
	分效应	综合效应
户主受教育程度(以小学为参照组)**及年龄**		
初中	32.08	28.60
	(185.2)	(185.7)
高中及以上	331.9	389.8
	(384.3)	(385.7)
户主年龄/岁	−13.11	−14.32
	(9.020)	(9.032)
地区变量(以浙江省为参照组)		
福建省	110.8	−28.18
	(385.4)	(378.8)
江西省	−26.70	−188.3
	(354.2)	(352.4)
是否规模户与各变量的交叉项		
关键变量		
家庭非农收入(元)×是否规模户	−0.000 152	
	(0.001 14)	
家庭成员平均非农时间(月)×是否规模户	−16.13**	
	(7.78)	
是否非农就业×是否规模户		−136.7**
		(67.2)
地块经营特征变量		
最大地块面积(亩)×是否规模户	5.750	5.018
	(4.786)	(4.755)
最大地块离最近公路距离(公里)×是否规模户	−19.64	−27.33
	(51.50)	(51.10)
最大地块立地质量(以质量中等为参照组)		
好×是否规模户	−978.4***	−1,050***
	(325.7)	(325.0)
差×是否规模户	−843.6	−800.8
	(524.5)	(523.6)

续表

变量指标	被解释变量：单位面积营林成本/(元/亩)	
	分效应	综合效应
最大地块产权形式		
是否承包山(承包山=1；非承包山=0)×是否规模户	−691.2*	−637.9*
	(379.3)	(377.0)
外部政策		
是否享受林业补贴政策(享受林业补贴政策=1；没有享受林业补贴政策=0)×是否规模户	−18.33	16.56
	(275.5)	(272.8)
林农家庭特征变量		
家中是否有人担任村干部(1=是；0=否)×是否规模户	299.5	224.2
	(328.8)	(324.8)
户主受教育程度(以小学为参照组)**及年龄**		
初中×是否规模户	−451.3	−446.0
	(316.8)	(318.4)
高中及以上×是否规模户	1557**	1495**
	(724.3)	(725.7)
户主年龄(年)×是否规模户	7.465	5.817
	(11.60)	(11.59)
地区变量(以浙江省为参照组)		
福建省×是否规模户	662.8	433.6
	(604.6)	(622.1)
江西省×是否规模户	−250.5	−362.2
	(541.4)	(530.7)
常数项	4237***	4505***
	(661.7)	(676.0)
样本数	450	450
R平方	0.148	0.143

***代表在1%水平上显著，**代表在5%水平上显著，*代表在10%水平上显著，括号内数据为标准误差；是否非农就业指标为虚拟变量，其中非农就业连续一个月以上=1，非农就业连续一个月以下=0；是否规模户同样为虚拟变量，规模户=1，普通户=0

附表 b　非农就业对不同规模林农单位面积自用工成本影响模型的系统性检验

变量指标	被解释变量：单位面积自用工成本/(元/亩)	
	分效应	综合效应
关键变量		
家庭非农收入/元	5.60×10^{-5} (6.29×10^{-4})	
家庭劳动力人均非农就业时间/月	-50.47^{***} (15.75)	
是否非农就业		-267.8^{**} (130.9)
地块经营特征变量		
单位面积种植密度/(株/亩)	-2.050^{***} (0.690)	-1.987^{***} (0.692)
最大地块面积/亩	-9.581^{***} (3.137)	-9.434^{***} (3.130)
最大地块离最近公路距离/km	19.74 (24.69)	19.08 (24.78)
最大地块立地质量(以质量中等为参照组)		
好	135.3 (118.6)	134.5 (119.1)
差	99.82 (178.2)	123.7 (178.9)
最大地块产权形式		
(承包山=1；非承包山=0)	−74.36 (135.2)	−59.89 (135.6)
外部政策变量		
(享受林业补贴政策=1；没有享受林业补贴政策=0)	6.918 (112.7)	−3.260 (112.8)
林农家庭特征变量		
家中是否有人担任村干部 (1=是；0=否)	−142.3 (121.3)	−162.0 (121.5)

续表

变量指标	被解释变量：单位面积自用工成本/(元/亩)	
	分效应	综合效应
户主受教育程度(以小学为参照组)**及年龄**		
初中	−149.7	−169.7
	(122.6)	(123.5)
高中及以上	204.3	263.3
	(254.7)	(256.6)
户主年龄/岁	−5.986	−5.520
	(6.014)	(6.043)
地区变量(以浙江省为参照组)		
福建省	−21.67	34.22
	(255.0)	(251.3)
江西省	−113.8	−129.3
	(234.1)	(234.0)
是否规模户与各变量的交叉项		
关键变量		
家庭非农收入(元)×是否规模户	-3.45×10^{-4}	
	(7.54×10^{-4})	
家庭成员平均非农时间(月)×是否规模户	28.09	
	(29.56)	
是否非农就业×是否规模户		−85.81
		(243.8)
地块经营特征变量		
单位面积种植密度(株/亩)×是否规模户	2.493*	2.536*
	(1.450)	(1.457)
最大地块面积(亩)×是否规模户	9.551***	9.369***
	(3.159)	(3.151)
最大地块离最近公路距离(公里)×是否规模户	−24.17	−25.97
	(34.04)	(33.93)
最大地块立地质量(以质量中等为参照组)		
好×是否规模户	−399.8*	−408.0*
	(215.7)	(216.1)

续表

变量指标	被解释变量：单位面积自用工成本/(元/亩)	
	分效应	综合效应
差×是否规模户	−267.7	−313.5
	(346.3)	(347.2)
最大地块产权形式		
是否承包山(承包山=1；非承包山=0)×是否规模户	−445.5*	−464.8*
	(250.3)	(249.9)
外部政策		
是否享受林业补贴政策(享受林业补贴政策=1；没有享受林业补贴政策=0)×是否规模户	25.49	18.07
	(181.9)	(180.9)
林农家庭特征变量		
家中是否有人担任村干部(1=是；0=否)×是否规模户	228.8	276.2
	(216.9)	(215.3)
户主受教育程度(以小学为参照组)及年龄		
初中×是否规模户	−196.2	−162.4
	(216.3)	(217.6)
高中及以上×是否规模户	381.5	336.8
	(485.2)	(487.5)
户主年龄(年)×是否规模户	−8.207	−9.086
	(8.395)	(8.394)
地区变量(以浙江省为参照组)		
福建省×是否规模户	−127.9	−308.3
	(399.4)	(412.5)
江西省×是否规模户	74.37	78.03
	(360.9)	(355.7)
常数项	2573***	2613***
	(476.9)	(486.9)
样本数	450	450
R平方	0.163	0.152

***代表在 1%水平上显著，**代表在 5%水平上显著，*代表在 10%水平上显著，括号内数据为标准误差；是否非农就业指标为虚拟变量，其中非农就业连续一个月以上=1，非农就业连续一个月以下=0；是否规模户同样为虚拟变量，规模户=1，普通户=0